Actes du XIVème Congrès UISPP, Université de Liège, Belgique, 2-8 septembre 2001

Acts of the XIVth UISPP Congress, University of Liège, Belgium, 2-8 September 2001

Colloque / Symposium 15.1
Commission XXV

Hunters vs. Pastoralists in the Sahara: Material Culture and Symbolic Aspects

Édité par / Edited by

Barbara E. Barich, Thierry Tillet, Karl Heinz Striedter

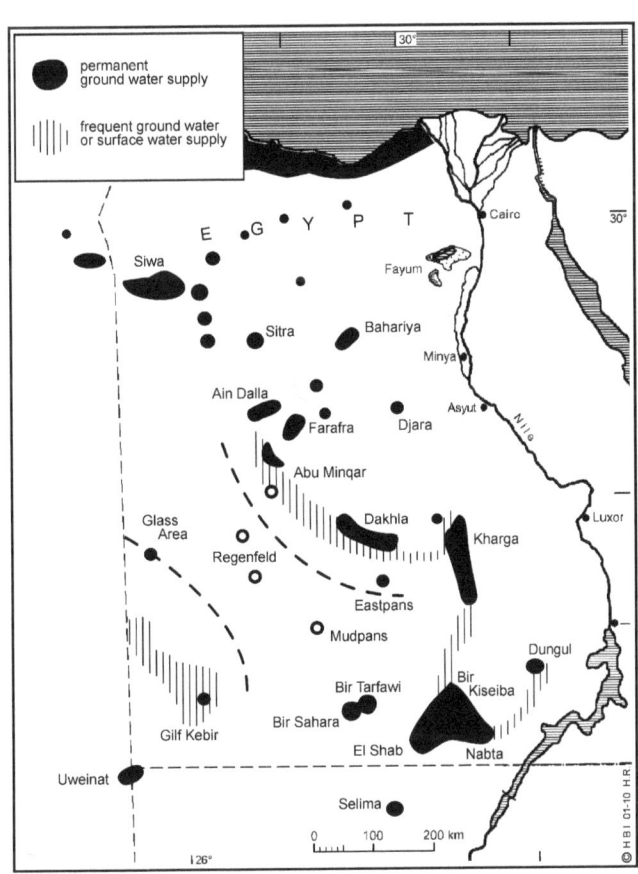

BAR International Series 1338
2005

Published in 2016 by
BAR Publishing, Oxford

BAR International Series 1338

Acts of the XIVth UISPP Congress, University of Liège, Belgium, 2-8 September 2001
Colloque/Symposium 15.1

Hunters vs. Pastoralists in the Sahara: Material Culture and Symbolic Aspects

ISBN 978 1 84171 684 8

© The editors and contributors severally and the Publisher 2005

Avec la collaboration du Ministère de la Région Wallonne. Direction générale de l'Aménagement
du territoire, du Logement et du Patrimoine. Subvention n° 03/15718

Mise en page / Editing : Rebecca MILLER
Typesetting and layout: Darko Jerko

Marcel OTTE, Secrétaire général du XIVème Congrès de l'U.I.S.P.P.
Université de Liège, Service de Préhistoire
7, place du XX août, bât. A1, 4000 Liège Belgique
Tél. 0032/4/366.53.41   Fax 0032/4/366.55.51
Email: prehist@ulg.ac.be   Web: http://www.ulg.ac.be/prehist

The authors' moral rights under the 1988 UK Copyright,
Designs and Patents Act are hereby expressly asserted.

All rights reserved. No part of this work may be copied, reproduced, stored,
sold, distributed, scanned, saved in any form of digital format or transmitted
in any form digitally, without the written permission of the Publisher.

BAR Publishing is the trading name of British Archaeological Reports (Oxford) Ltd.
British Archaeological Reports was first incorporated in 1974 to publish the BAR
Series, International and British. In 1992 Hadrian Books Ltd became part of the BAR
group. This volume was originally published by Archaeopress in conjunction with
British Archaeological Reports (Oxford) Ltd / Hadrian Books Ltd, the Series principal
publisher, in 2005. This present volume is published by BAR Publishing, 2016.

Printed in England

BAR titles are available from:

	BAR Publishing
	122 Banbury Rd, Oxford, OX2 7BP, UK
EMAIL	info@barpublishing.com
PHONE	+44 (0)1865 310431
FAX	+44 (0)1865 316916
	www.barpublishing.com

TABLE DES MATIÈRES / TABLE OF CONTENTS

Introduction 1
B.E. Barich

The Late Hunting Societies of Jebel Gharbi, Libya.
    Settlement and Landscape 3
B.E. Barich & C. Giraudi

Art rupestre marocain. Styles, techniques et chronologie 9
M. Nami

Traces de l'art rupestre fezzanais dans la Tadrat algérienne 15
K.H. Striedter & M. Tauveron

L'art rupestre de l'Atlas saharien (Algérie): les figurations de la période
    récente 25
I. Amara

Taouardei: the Map of a Culture 33
G. Calegari

Petite histoire d'un crayon d'ocre à l'est des eaux fraîches:
    chasseurs-graveurs et pasteurs-peintres ou peintres-chasseurs
    et graveurs-pasteurs? 37
K.H. Striedter & M. Tauveron

Creating a Landscape for Saharan Pastoral Archaeology 47
A.B. Smith

A New Important Area of Neolithic Occupation in the
    Southwestern Desert of Egypt 51
R. Schild, M. Kobusiewicz, F. Wendorf, J.D. Irish, J. Kabacinski,
    H. Królik & G. Calderoni

Pastoralism and the 'Absolute' Desert. A View from the
    Southern Great Sand Sea, Egypt 57
H. Riemer

INTRODUCTION

Barbara E. BARICH

The colloque was organized in the framework of the XXV IUPPS Commission ("Art and Civilisations in the Sahara during prehistoric times") which was founded at Bratislava in September 1991, based on a proposition by E. Ripoll-Perello and G. Camps. The idea of establishing a permanent study group on the Saharan societies had been first discussed in 1990 in Milan, on the occasion of the conference "Arte e Culture del Sahara preistorico: dati e interpretazioni" (Calegari 1993). That was a very fruitful occasion for multidisciplinary encounters among scholars who had been working in the Saharan field, from different perspectives, for many years. Above all, it was an opportunity for dealing with rock art within the general context of the archaeological research in the Sahara.

Hunter-foragers and pastoralists represent the two principal spheres connected with the cultural development of the Sahara, each one related to specific environmental, climatic, economic, as well as symbolic and material culture characteristics. Therefore, the colloquium envisaged gathering contributions from scholars actively working in the field of Saharan societies, from Paleolithic to Neolithic. Special attention was given to patterns worked out by the different groups in their relations with the environment, as well as to the various aspects of internal organization. In particular, settlement and landscape; raw materials, technology and circulation of artefacts; procurement and exchange of food resources were among the suggested themes. At the same time contributions about rock art were, obviously, particularly suitable for the general subject.

Eleven papers were presented at the Congress. Some aspects about hunting were dealt with by B.E. Barich ("The late hunting societies of Jebel Gharbi, Libya"). The contribution referred to the recent research in northern Libya by the University of Rome "La Sapienza", and to the relative environmental and chronological data. It offered updated information, both for a better understanding of the environment, and for the chronological setting of the early examples of rock art.

To the rock art subject were devoted several contributions which, in particular, dealt with the late Holocene phase. M. Nami's paper ("Art rupestre marocain: styles, techniques et chronologie"), discussed the stylistic phases relative to the moroccan art, among which the Drâ Valley and the Haut-Atlas contexts particularly stand out. With the same moroccan complex can also be compared the scenes illustrated by I. Amara ("L'art rupestre de l'Atlas Saharien, Algérie: les figurations de la période recente"), relative to the Algerian Atlas region. According to the author, this latter group probably represents a quite recent aspect, younger than the pastoral phase and pertaining to "protohistorical" cultures. On the other hand, in Nami's opinion the schematism which characterised the Moroccan figures could be an anticipation of the typical Libyco-Berber writing. D. Zampetti ("The rockart of the Acacus, Libyan Sahara – The contexts and the iconographies"), showing some unpublished scenes from the Tadrart Acacus, selected bitriangular-style and horse phase examples, suggesting a possible relation with the Garamantes kingdom.

K. Striedter and M. Tauveron ("Traces de l'art rupestre fezzanais dans le Tadrart algérien") referred to the pictorial Algerian complex, not far from the Fezzan borders, pointing out its closeness with several Messak examples. However, the authors emphasized how difficult it is to establish precise comparisons between the two artistic spheres, because of the different type of themes each one represents. In a further contribution ("Chasseurs-graveurs et pasteurs-peintres ou peintres-chasseurs et graveurs-pasteurs ?") the same authors, recalling the colloque's title directly, examined an unedited example found near Aman Semmerdnin, in the same Algerian Tadrart region. They expressed their doubts on whether or not the lightly engraved figures had been interpreted correctly, and if they could be associated with shepherd groups, rather than with hunters.

A homogeneous group of contributions highlighted an important area for the most recent archaeological research. The Western Egyptian Desert (the once so-called "Libyan Desert"), though rather lacking in rock art works[1], yielded consistent traces of groups seemingly bearing a pastoral organization. The scarceness of the rock art repertoire is probably a consequence of the local geomorphological conditions as well as of the strong deflation, which accompanied the arid oscillations of the Holocene in this region. Among the recorded examples, the main group is that coming from Dakhleh Oasis (Winkler, 1938; Krzyzaniak, 1987), while in the open areas of the desert the recent findings of Wadi El Obeyid (Barich, 1998) and Djara caves (Kuper, 1996) are important exceptions. Both of these examples can be connected with the presence of mobile groups, maybe coming from the Central Sahara. Among the papers dedicated to the Egyptian Desert, the work of Schild and associates ("A new important area of Neolithic occupation in the Southwestern Desert of Egypt") illustrated an outstanding funerary complex unearthed during the most recent fieldwork at Nabta Playa. These findings arise still more precisely the problem of the

---

[1] A part from the Jebel Auenat example which can be entirely related to the Saharan contexts (Van Noten 1978).

relations between the Western Desert and the Nile Valley. J. Linstädter ("The Neolithic of the Gilf Kebir, south-west Egypt) described the archaeology of the Gilf Kebir Plateau, south of the Great Sand Sea some hundreds kms to the west of the Nile valley. The aim of the paper was to give an overview about the neolithic occupation of the area as regards chronological outlines, artefact production, economic strategies, land use and environmental factors. H. Riemer ("Pastoralism and the 'absolute' desert: the view from the southern Great Sand Sea, Egypt"), recalling the sequence carried out from Dakhleh Oasis, from where it appeared that caprovids had been introduced there after 7000 BP, followed by cattle approximately after 6500 BP, underlined that the 'absolute' desert lacked groundwater resources and was a dry and unpredictable environment with episodic surface water. While pastoral sites were discovered in the margins of the Oases (Easpans), or in more favoured locations (Glass Area, Wadi Bakht), domesticated animals have not yet been identified in the central areas of the desert.

On the other hand, A. Smith and C. Calegari have approached, in an independent form but with certain elements of agreement, the theme of the perception and meaning of places which are traditionally visited by prehistoric groups. Regarding the Malian desert, Calegari has shown the familiarity that local shepherds have with some cult worship-places. Furthermore, Smith has emphasized how the shepherds are attached to the landscape in psychological terms, and that the acquired familiarity with places through ceremonies is handed down from a generation to another. Between 7500 and 4000 bp the Central Sahara became the ritual landscape for pastoral groups who left unmistakable traces of their presence on, building funerary monuments and leaving rock art behind. Smith's contribution very effectively affirmed the complexity and wholeness of the archaeological context, which includes not only the elements belonging to the material culture, but also, on the whole, aspects connected with the rituals and the symbolic realms of societies.

In the framework of the African section, the Colloque provided a more direct confrontation among scholars committed to research in the Sahara. This territory constitutes a very peculiar system in respect to the remaining African Continent, from both thematic and methodological points of view, which should be adequately evaluated. In particular, it seemed important to encourage the interaction between authors more directly involved in the field-work and those primarily interested in rock art studies, in order to achieve an integrated reconstruction of the archeological landscape.

Author's address

B.E. BARICH
University of Rome "La Sapienza"

Bibliography

BARICH, B.E. 1998. The Wadi El Obeiyid Cave, Farafra Oasis: A new pictorial complex in the Libyan Egyptian Sahara, *Libya Antiqua, Annual of the Department of Antiquities of Libya*, N.S. IV, p. 9-19.

CALEGARI, G. (ed.) 1993. *Arte ed Ambiente del Sahara Preistorico: Dati e Interpretazioni*, Milano: Memorie della Società Italiana di Scienze Naturali.

KRZYZANIAK, L. 1987. Dakhleh Oasis project: interim report on the first season of the recording of petroglyphs, January-February 1988, *The Journal of the Society for the Study of Egyptian Antiquities* 17, p. 182-191.

KUPER, R. 1996. Between the Oases and the Nile: Rohlfs' Cave in the Western Desert. In L. Krzyzaniak, L. Kroeper & M. Kobusiewicz (eds.), *Interregional Contacts in the Later Prehistory of Northeastern Africa*, Poznan, Poznan Archaeological Museum, p. 81-92.

VAN NOTEN, F. 1978. *Rock Art of Jebel Uweinat, Libyan Sahara*, Graz, Akademische Druck- u.Verlagsanstalt.

WINKLER, H.A. 1938. *Rock-Drawings of Southern Upper Egypt I*, London, The Egypt Exploration Society.

THE LATE HUNTING SOCIETIES OF JEBEL GHARBI, LIBYA. SETTLEMENT AND LANDSCAPE

Barbara E. BARICH & Carlo GIRAUDI

Abstract: The investigation of the Libyan-Italian joint Mission at Jebel Gharbi has recently brought to light an important occupation sequence dating to the final Pleistocene phases. The occupation, which took place on plateau edges overlooking the wadi system, started with campsites belonging to Aterian hunters and was later replaced by late paleolithic and epipaleolithic, Iberomaurusian-like, encampments. In the paper the geological setting of the Ain Zargha valley is presented. It suggests a precise dating of the Aterian, helping to clarify the position of this culture in the North African context. The paper deals mainly with occupation features and social structuring of the epipaleolithic hunter-foragers. It tries to highlight changes in settlement and resource exploitation patterns of these groups as well as their possible relations with the earlier inhabitants of Jebel Gharbi.

Résumé : La recherche de la Mission Conjointe Libyenne-Italienne dans le Jebel Gharbi a récemment mis en lumière une série d'occupations importantes remontant aux phases finales du Pleistocene. L'occupation a eu lieu en bordure du plateau dominant le système des oueds, elle commencà avec des campements appartenant aux chasseurs Ateriens et fut remplacé plus tard par des campements du Paléolithique Supérieur et Epipaléolithique du type Iberomaurusien. Dans ce travail on présente l'environnement géologique de la vallée Ain Zargha. L'article suggère une datation précise de l'Atérien, permettant d'éclaircir la position de cette culture dans le contexte nord africain. L' articlel traite surtout les caractéristiques de l'occupation et la structure sociale des chasseurs-cueilleurs de l'Epipaléolithique. Ce travail essaie de mettre en évidence les changements dans l'habitat et les modèles d'exploitation des ressources de ces groupes aussi bien que leurs relations possibles avec les premiers habitants du Jebel Gharbi.

INTRODUCTION

In recent years the study of palaeolithic societies living along the Nile has given important contributions not only to define the chronological framework, but also to create a vivid picture of settlement pattern and land use by those communities. On the contrary, the scenario concerning the same chronological phase in the western region, where most of the rock art works are concentrated, remains still very poor.

During the 1950's, the pioneer research by Mc Burney at Haua Fteah and on the Libyan western coast, demonstrated that the territory had been occupied since the early phases of the last Interglacial (Mc Burney 1967; Mc Burney & Hey 1955). Afterwards, however, in Libya prehistoric research mainly concerned the southern region and the cultures of the Holocene. It seemed therefore important to resume research on the coast with the purpose of updating the data from the early investigations and adequately insert them within the context of Libyan and North African prehistory. Particularly because this could help also in providing an adequate chronological framework to the rock-art documentation.

The Jebel Gharbi mountainous range, Southwest of Tripoli, has revealed an important occupation phenomenon, whose oldest phases date from the early Pleistocene. Investigations by the Libyan-Italian Joint Mission, directed by Barbara Barich, began at the end of the 1980's and recently have been renovated with a new research programme (Barich *et al.*, in press). We were successful in highlighting a clear sequence in two main regions: the Wadi Ain Zargha basin, near the town of Jado, and the area of Wadi Ghan. For the Wadi Ain Zargha, in particular, through both surveying and systematic collections at sample sites, we were able to reconstruct a clear model of land use by the hunter communities, settled here from middle palaeolithic times.

THE RAS EL WADI SEQUENCE

The Wadi Ain Zargha flows in the western sector of Jado, running from the innermost region of the Jebel towards the Gefara plain (Fig. 1). The territory is still fairly intact, although the town has undergone considerable growth in recent years. The headwater of the river is locally referred to as "Ras El Wadi". Here the river has deeply excavated its bed in the soft sedimentary limestone. Terraces and "suspended valleys", that offer a favorable setting for human occupation, characterize its two sides.

The key-sequence (Fig. 2), reconstructed by Carlo Giraudi responsible for the palaeoclimatic and geomorphologic study, has revealed a sedimentary series related to humid/arid climatic intervals, fully confirming the recent revisions of the Haua Fteah sequence (McDonald 1997; Klein & Scott 1986; Close 1986). Such climatic oscillations have been further confirmed by the oxygen isotope study, carried out by Giulia Bodrato (University of Turin) on the calcareous crusts interbedded in the sequence. At present these formations are undergoing U/TH datation, however radiocarbon datings coming from two of such crusts are currently available.

The sequence of Ras El Wadi, starting from the middle-upper section associated with Aterian industry (studied by

Figure 1. Jebel Gharbi (Libya). The Ain Zargha valley.

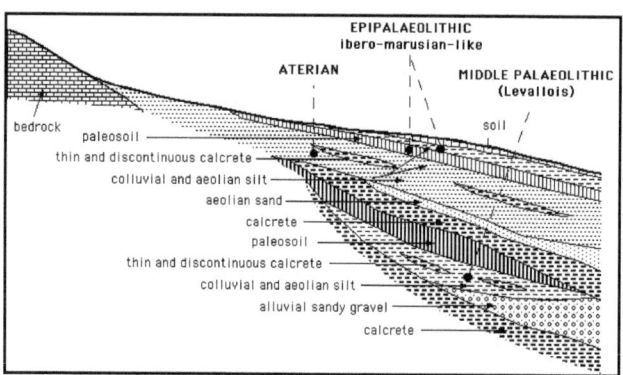

Figure 2. Jebel Gharbi (Libya). The Ras El Wadi Series.

E.A. Garcea), reveals an overall dry climate with occurrences of rainfalls. The top of the deposit do not contains Aterian artefacts, but shows a thin interbedded crust, indicating increase in humidity and high evaporation rate.

Giraudi (In Press) has suggested the attribution of the Aterian deposit to the Isotope Stage 3 (OIS3); and, with regard to the interbedded crust, has indicated a correlation with the humid phase that at Matmata (Tunisia) similarly produced calcareous concretions and soils in a period between 27.000-30.000 B.P. (Coudé-Gaussen et al., 1983). At Ras el Wadi, the calcareous crust interbedded at the top of the deposit containing Aterian, was dated 27,310±320 BP with the radiocarbon method, confirming the datings of the Tunisian site.

It is useful to remind that the date 28.500±800, is the most reliable among those reported by McBurney for the Dabban, the Upper Palaeolithic horizon at Haua Fteah (McBurney 1967).

Beginning from the interbedded crust the ras El Wadi profile does not show any hiatus. The crust is surmounted by a paleosol and colluvial silts containing LSA, Epipalaeolithic and maybe also Upper Paleolithic artifacts. It is clear that the top of the sequence formed during a quite humid phase, with no erosion of the slopes. During the same phase could have been developed another calcareous crust, dated 18,020±190 B.P. with the radiocarbon method, found interbedded with loess deposits in the plateau near Ras el Wadi.

THE EPIPALEOLITHIC HORIZON

Epipalaeolithic findings at Ras El Wadi are plentiful, showing the relevance of the peopling of the whole area in the final Pleistocene phase.

Systematic collections have been performed at various sites, which are densely distributed on both sides of the river. Sites SJ-90-13, SJ-98-26 and 26A, have been the object of a deeper study aimed at the definition of the typological framework (site 26A is being studied by C. Conati-Barbaro, University of Rome "La Sapienza") (Fig. 3).

The three assemblages are located on a terrace-like landform immediately above the upper course of the Ain

Figure 3. Jebel Gharbi (Libya). Artifact collection at Ras El Wadi.

Zargha, from which they are separated by limestone cliffs. Bedded and pebble chert which were exploited by groups for their artifacts are contained within the limestone. The great availability of raw material – testified by the numerous, only partially exploited, cores – must have been one of the reasons for the successful occupation of the area. Moreover, several springs are available at short distances from the sites, especially one, still today rich in water, no more than one kilometer away.

All together the three collections comprise 4323 pieces. Considering that the total area of collection is of about 125 sq. m, the average density is significantly high, being 34 pieces per square meter. This indicates that the area was repeatedly inhabited by hunting gathering groups, attracted by the wide range of resources such as flint, game, plants and water. The presence of quartzite, which is not locally available, may suggest a certain degree of long distance mobility.

TYPOLOGICAL DEFINITION

The frequency of cores and debitage is high, representing 80% of the whole lithic assemblage. Cores mostly include single and opposed platform types, although whole pebbles are also numerous. The high percentage of flakes, belonging both to early stage of core preparation and primary types, suggests an *in situ* manufacture.

Secondary and tertiary flakes are relatively few, while blades and bladelets, although very fragmented, are quite numerous. Core trimmings are also well represented as well as burin spalls.

Tools feature a quite developed typological diversity. However, notches, denticulates, Outchtata and backed bladelets show the highest frequencies. Backed products (which amount to ca 60% of the tools total) show standardization towards arch-backed types. Backing appears more often on the left side, rarely on the right, and is obtained through obverse retouch, often combined with *sur enclume* technique. True segments are rare.

For comparison I referred to the Haua Fteah and Hagfet Et Tera (Petrocchi 1940) Epipaleolithic layers, the only ones established on a stratigraphic basis, verifying similarities as regards both debitage composition and tool classes.

Regarding the Haua assemblage, in particular, similarities can be noticed in the varieties of cores which are mainly single, opposed and multiple patterned platforms. Furthermore, retouched tools show similar types as well as similar frequencies, except for the backed bladelets, which at Haua show higher percentages in all the layers (from 81.5 % to 93.6 %) while at Ras El Wadi their frequency is about 60% in the three collections (with highest peaks at Site 26A).

On the contrary, at Ras El Wadi notches and denticulates show moderately high frequencies (between 15 and 25%) while they are infrequent at Haua and Et Tera. Although in this latter case, like at Ras El Wadi, notches are more numerous than true denticulates. Finally, like at Haua, the class of geometric microliths includes only segments. Among the varia, like at Haua, the pieces with continuous retouch are predominant with some scaled pieces.

THE AIN ZARGHA VALLEY: THE PEOPLING AND THE LANDSCAPE

The territory of Ras El Wadi, and the Ain Zargha valley in general, had to represent an attractive environment, with rainfalls even in basically dry periods, that must have encouraged habitation by Paleolithic hunters. In general, the entire Jebel Gharbi can be considered a favorable ecosystem, with an average altitude of 600 m asl, perennial springs and a remarkable river network, of which the Ain Zargha and the Ghan are among the most important elements. Therefore, the plateau appears as one of the so-called "refuge areas", towards which the Saharan groups conveyed during the long arid phase corresponding to the Isotopic stage 4 (OIS4: 70.000-59.000 B.P.).

As previously mentioned, along the Ain Zargha course, the epipaleolithic occupation is particularly evident. From the headwater (Ras El Wadi) to the mouth located in the Gefara plain, more than 12 sites have been identified.

In the innermost region of the plateau, sites are located on terraces and alluvial fans overlooking the river at about 20 meters above its bed. These terraces face East and represent a strategic location from which the access to the water sources could easily be controlled and game-drive hunting systems performed (which tend to force the animals over a drop off or into a trap (Morris, 1990). The plateau could be reached quite easily from the Gefara plain, which starts directly from the foothills, only a few kilometers away. Landsat images have highlighted the presence in the Gefara of some groundwater areas tied to the existence of ancient lakes. The plain territories probably represented major grasslands covered by wild graminae plants, which the prehistoric groups probably gathered. Part of the backed bladelets must have been used for gathering, as it was demonstrated in many instances by the characteristic graminae luster detected on the unretouched edges which show traces of wear.

We can suppose that the epipaleolithic sites represented a *continuum*, corresponding to different aspects (or phases) of occupation by groups of hunter- gatherers in their annual cycle. Differences highlighted in the composition of the assemblages, even with respect to Haua and Et Tera (mainly different percentages in tool classes), could be attributed to the different role played by the sites. In fact, one can distinguish among hunting sites, gathering sites, and, finally, sites for the retrieval and exploitation of the raw material.

Even the relations between sites located in the plain, close to the lakes, and sites in the mountain could be interpreted on a seasonal basis. The former could have been inhabited during the drier period of the year. At those locations gathering, or hunting animals of the plain, attracted by water, may have been performed. On the contrary, it is likely that hunting trips may have been conducted on the plateau during the moister season, in search of species (such as *Ammotragus*) which prefers mountainous habitats.

Site SJ-00-56, discovered during the last mission at Shakshuk, close to one of the above mentioned areas of lacustrine deposits, seems very interesting. The site must have benefited from a very favorable microclimate, near a permanent spring almost at the mouth of the Sel river in view of the Gefara. The site is clearly a hunting camp-site with abundant fauna and charcoal remains. In the faunal remains, an equid, zebra-like species, seems to dominate (Gautier, in litt.). Regarding this, I would like to remind that at Haua, in both early and late Eastern Oranian layers, Equids are among the most represented species together with Ammotragus, Gazelle, Hartebeest and Bovids.

Concerning the plant cover, important information can be gathered from the isotopic study of the carbonate formations (Bodrato, Giraudi & Zuppi, in press). Oxygen isotopic composition of carbonates reflects the composition of water bodies and the physical-chemical reactions that took place in the atmosphere. In case of a high evapotranspiration, water salinity can reach high values. In all the samples coming from Ras El Wadi, isotopic values confirm a pedogenic origin for carbonates that took place in equilibrium with shallow groundwater. Soil carbonates formed under sub-humid to semiarid climatic conditions, in relatively dry soils, where groundwater level was close to the surface, and grass or mixed grass and shrubs were the dominant vegetation. The studied crusts represent deposits formed as a consequence of evaporative loss affecting phreatic groundwater, under climate varying from sub-humid to semiarid.

As regard a possible association with rock art, we must emphasize the fact that various rock art sites have been known in the region for quite some time. The best known are Ataf Ben Dalala (studied by Jelinek, 1977-82) and Abiar Miggi (Neuville, 1956). Other engravings, still unpublished, have been recorded during the Mission's work at El Auenia (the Roman city of Auro) and, especially, in the mountainous surroundings of Nalut. These engravings, mainly on top of open air blocks, show animalistic subjects which could be associated in part with the pastoral Neolithic, however, some of them could also be related to the more ancient occupation.

CONCLUSIONS

We know seven dates from the Eastern Oranian and Libyco-Capsian layers of Haua Fteah, from 12.750±170 bp to 7000±110 bp. This chronology can be pushed further back in time including two more dates, whose samples come from the Dabban/Oranian interface and thus can date the beginning of the Eastern Oranian: 16.070±100 bp and 18.620±150 bp.

The calcareous crusts of Ras el Wadi and the sedimentary sequence, has shown moist episodes at about 27,000 and 18,000 BP. After 18,000 BP the climate become dryer, paralleling the colder and dryer phase of the final Pleistocene.

If we accept dating the Early Oranian back to approximately 18.000 (Close, 1986) the culture must have begun during the transition to a very cold dry phase. However, as early as 15.000 there was a climatic amelioration with moist phases which, presumably, started from the southern regions. Dates around 15.000, 14.000 and finally 10.000 have been obtained from the travertine found in the Tadrart Acacus (Carrara *et al.*, 1998 :63). We can presume that the same hunters-gatherer groups, whose settlements were along the Libyan coast or immediately below, at Ras El Wadi as at Haua Fteah, gradually moved towards the southern region. Very likely these hunters were responsible for the rock art repertoire, beginning with that belonging to the wild fauna style. All the species hunted by those groups are depicted in the artworks, including the elephant (recorded in one of the late Oranian layers at Haua). Moreover, it is worth mentioning that the material culture of the Saharan groups – except for the pottery invented then for the first time – is entirely related to the Iberomaurusian background.

Bibliography

BARICH, B.E., GIRAUDI, C., CONATI-BARBARO, C., GARCEA, E.A.A., BODRATO, G., & ZUPPI, G.M., in press, Climatic changes and adaptation models in Northern Libya in the Final Pleistocene – Italian Libyan Joint Mission in the Jebel Gharbi (years 1998-1999). *Libya Antiqua*, New Series V.

BODRATO, G., GIRAUDI, C., & ZUPPI, G.M., in press, Geochemical and mineralogical study of calcareous crusts: implications for palaeo-environmental and palaeoclimatic change. *Libya Antiqua*, New Series V.

CARRARA, C., CREMASCHI, M., & QUINIF, Y., 1998, The Travertine Deposits in the Tadrart Acacus (Libyan Sahara), Nature and Age. In *Wadi Teshuinat Palaeoenvironment and Prehistory in South-Western Fezzan*, M.Cremaschi & S.Di Lernia (ed.), Milano, Edizioni All'Insegna del Giglio.

CLOSE, A.E., 1986, The place of the Haua Fteah in the Late Palaeolithic of North Africa. In *Stone Age Prehistory*, G.N. Bailey & P. Callow (ed.), Cambridge, Cambridge University Press, p. 169-180.

COUDE-GAUSSEN, G., OLIVE, Ph., & ROGNON, P., 1983, Datations de dépôts loessiques et variations climatiques à la bordure nord du Sahara algéro-tunisien. *Revue de Géologie Dynamique et de Géographie Physique* 24 (1), p. 61-73.

GIRAUDI, C., (in press), The Gebel Gharbi Landscape Units and the Stratigraphy of the Ras El Wadi Area. *Libya Antiqua*, New Series V.

KLEIN, R., SCOTT, K., 1986, Re-analysis of faunal assemblages from Haua Fteah and other Late Quaternary archaeological sites in Cyrenaican Libya. *Journal of Archaeological Science* 13, p. 515-542.

JELINEK, J., 1977-82, Ataf Ben Dalala, a rock-art gallery in South Tripolitania. *Origini* XI, p. 71-86.

MCBURNEY, C.B.M., (ed.), 1967, *The Haua Fteah (Cyrenaica) and the stone age of the South East Mediterranean*, Cambridge, Cambridge University Press.

MCBURNEY, C.B.M., HEY, R.W., 1955, *Prehistory and Pleistocene Geology in Cyrenaica*. Cambridge, Cambridge University Press.

MCDONALD, K.C., 1997, The Avifauna of the Haua Fteah (Libya). *Archaeozoologia* IX, p. 83-102.

MORRIS, E.A., 1990, Prehistoric game drive systems in the rocky mountains and the high plains of Colorado. In *Hunters of the Recent past*, L.B. Davis & B.O.K. Reeves (ed.), London, Unwyn Hyman, p. 195-202.

NEUVILLE, P., 1956, Stratigraphie néolithique et gravures rupestres en Tripolitaine septentrionale: Abiar Miggi. *Libyca* IV, p. 61-125.

PETROCCHI, C.T., 1940, Ricerche preistoriche in Cirenaica. *Africa Italiana* 7, n° 1-2, p. 1-33.

ART RUPESTRE MAROCAIN. STYLES, TECHNIQUES ET CHRONOLOGIE

Mustapha NAMI

Résumé : Les gravures et peintures rupestres du Maroc se trouvent essentiellement au Haut Atlas, au Présahara et au Sahara. Elles font partie intégrante de l'ensemble du patrimoine rupestre nord africain et saharien. Leur répartition géographique atteste d'une liaison étroite avec un système hydrographique particulier. Celles du Haut Atlas se distinguent de celles du Présahara et du Sahara par leur situation géographique liée aux pâturages et par leur contenu. Les plus anciennes gravures du Maroc remonteraient à l'époque ibéromaurusienne et continuent selon la chronologie traditionnelle en quatre périodes : bubaline, bovidienne, caballine et cameline.

Abstract: The rock art sites of Morocco exist essentially in the High-Atlas mountain, Presahara and in the Sahara. This art is a part of the whole rupestrian heritage of North-Africa and the Sahara. Its geographical distribution vouch for the fact that it usually had a close link with a particular hydrographic system. The Haut-Atlas carvings are distinguished from those of Presahara and Sahara not only by their geographical situation closely linked to the pasture but also by their contents. The oldest of them may date back to the Iberomaurusian culture and continue, according to the usual chronology, on four successive periods: buballian, bovidian, caballian and camelian.

INTRODUCTION

L'étude de l'art rupestre est restée, pour longtemps, un parent pauvre de la recherche archéologique au Maroc. Pourtant, personne ne peut nier l'apport considérable de cette discipline pour la compréhension d'une période clé dans l'évolution des cultures matérielles de l'humanité.

Les gravures rupestres, en tant qu'objet archéologique, d'une nature quelque peu spéciale, renseignent amplement sur le passage de la perception du monde extérieur à la représentation des idées sur les roches dures. Ces représentations naturalistes ou schématiques viennent combler des lacunes que présentent souvent les documents archéologiques que l'on a l'habitude de recueillir au cours des fouilles archéologiques (lithique, céramique...)

Au Maroc, les gravures rupestres se trouvent, paradoxalement (et heureusement !) dans des régions qui n'ont pas été (ou peu) affectées par les fouilles archéologiques. Cependant, malgré l'importance scientifique des informations que l'on pourrait tirer de ces pétroglyphes, elles échappent à toute datation fiable et absolue. En revanche, des procédés basés essentiellement sur des comparaisons diverses permettent, dans une certaine mesure, d'avancer une date, aussi relative soit elle, pour les débuts de ces manifestations ainsi qu'une sériation objective dans le temps. Ces comparaisons sont corroborées également par la thématique des figurations même si « nous ignorons la plupart du temps le pourquoi exact de ces figurations mystérieuses »[1]. La pérennité de l'action de graver ou de peindre à travers l'histoire de l'humanité[2] fait de cet art le meilleur reflet à la fois de la culture matérielle et de l'environnement naturel pour chaque période de l'évolution.

Ainsi, les figurations rupestres apportent de précieuses informations sur les périodes néolithiques profondément imprégnées d'une économie de pastoralisme, sur les débuts et l'extension de la métallurgie et sur l'émergence de l'écriture. Souvent rebelles à une fixation rigoureuse dans le temps, les gravures rupestres pourraient être, cependant, cernées dans une « stratigraphie » relative mise en relief par les diverses superpositions et par les différences de patine.

HISTORIQUE

La première découverte d'art rupestre au Maroc est, peut-être, celle signalée en 1875 par le Rabbin Mardochée aby Sourour dans l'Anti-Atlas. La fin du 19ème siècle et le début du 20ème siècle étaient marqués essentiellement par des trouvailles qui étaient l'œuvre de voyageurs qui sillonnaient l'Afrique du Nord parfois en éclaireurs du colonialisme.

Ce n'est qu'au cours des années 1930 que des travaux sérieux dans ce domaine commencèrent à être publiés[3]. La découverte des merveilles du Haut-Atlas[4] allait donner au domaine de l'art rupestre un essor considérable au Maroc. Ces dernières découvertes ont abouti à la publication, non seulement d'un corpus très riche[5] mais également de plusieurs recherches[6] étayant la question de l'âge du Bronze et des interprétations thématiques de ces gravures.

---

[1] Clottes, 1997, p.6.

[2] À ce propos J. Clottes (op.cit p. 3) dit : « L'art rupestre est la seule manifestation culturelle de l'humanité qui se soit conservée sans interruption pendant plusieurs dizaines de millénaires pour parvenir jusqu'à nous. Cet art fait partie des universaux de l'esprit humain, comme le chant, la danse, la religion, mais il a ceci de particulier qu'il peut se conserver pendant très longtemps. »

[3] C'est surtout l'Anti-Atlas et la vallée de Drâa qui ont été affectés par ces découvertes. Voir à ce propos : Russo, 1934, Ruhlmann, 1934, les gravures rupestres de Merkala (Maroc méridional), idem, 1934, les graffiti libyco-berbères, idem, 1935, pierres gravées et tumulus du Jbel Siroua (Maroc), idem, 1938, gravures rupestres de l'oued Drâa, etc.

[4] Malhomme, 1959.

[5] *Op. Cit.*

[6] Malhomme, J. 1953, Les représentations anthropomorphes du Grand-Atlas (Maroc) ; *idem*, 1955, Les armes gravées du Haut-Atlas ; *idem*, 1958-59, Les représentations de hallebardes du Grand-Atlas : les techniques d'incisions ; *idem*, 158-59, Le Bronze II dans le Grand-Atlas : les sacrifices humains…

Durant les années 1960, des recherches ont gagné plus de rigueur scientifique conjuguée à l'étendue des recherches sur le terrain se basant sur les procédés reconnus pour l'enregistrement des données (photographie, estampage, description…)

L'importance de plus en plus admise de cette discipline archéologique a amené les autorités marocaines compétentes à éditer un catalogue[7] des sites à gravures rupestres au Maroc. Ce catalogue est suivi peu de temps après par la publication d'une thèse universitaire ayant pour thème des armes protohistoriques dans la Méditerranée occidentale[8]. Une autre thèse vient d'être publiée[9] sous forme d'un corpus analytique des gravures rupestres du Haut-Atlas.

Devant le degré grandissant de la dégradation et de la destruction de ce patrimoine, un Centre National du Patrimoine Rupestre a été créé à Tahanaout en 1994 puis transféré à Marrakech en 1999 dont la vocation principale est l'établissement d'un inventaire exhaustif et suffisamment documenté de ces pétroglyphes tout en menant des campagnes de sensibilisation auprès des populations locales et auprès des touristes pour la protection des sites. Une ONG[10] nationale a vu le jour également à Marrakech pour canaliser les efforts aussi bien des spécialistes que de la société civile pour contribuer à la sauvegarde et la préservation du patrimoine rupestre au Maroc.

Plus récemment, en 2000, un groupe de recherche sur les inscriptions libyco-berbères du Maroc a été mis en place au sein du Centre National du Patrimoine Rupestre et dont l'objectif principal est la publication d'un corpus de ces inscriptions et la contribution à l'étude de la problématique des débuts de l'écriture au Maroc.

RÉPARTITION GÉOGRAPHIQUE

La carte des sites rupestres marocains laisse apparaître, dans la plupart des cas, une répartition intimement liée à un système hydrographique particulier. C'est ainsi que les gravures rupestres du Présahara et du Sahara qui concentrent la majorité[11] du patrimoine rupestre marocain, se répartissent le long des cours d'eau et des vallées naguère verdoyantes et luxuriantes. La vallée du Drâa, qui présente les plus grandes concentrations d'art rupestre illustre parfaitement ce constat. Les gravures de la zone saharienne se situent essentiellement dans les anciens cours d'eau de Saguiet el Hamra et de l'Oued ed-Dahab (Rio de Oro).

Les gravures rupestres de la chaîne atlasique sont à mettre en parallèle, non seulement avec un réseau hydrographique aussi important que celui émanant de la fonte des neiges, mais également avec des pâturages d'été de grande envergure. Exploités encore de nos jours, ces pâturages attestent d'une économie pastorale ancestrale[12]. Cette même économie, mais cette fois-ci agro-pastorale, aurait régné dans toute la vallée du Drâa avant l'assèchement de ces régions. En plus des différences entre le Présahara et le Sahara d'une part et la chaîne atlasique d'autre part au niveau géographique, le contenu des gravures et leur étendue historico-culturelle dénotent également des différences notables. En effet, le Haut-Atlas est caractérisé par la prolifération des représentations d'armes souvent comparées à celles de la « civilisation » ibérique d'El Argar et, par conséquent, attribuées au Bronze Moyen. Par contre, la vallée du Drâa offre des gravures qui remonteraient à l'époque des chasseurs et des pasteurs néolithiques et protohistoriques.

Que ce soit au Haut-Atlas, au Présahara ou au Sahara, les figurations rupestres se trouvent, généralement, sur des crêtes gréseuses longeant les cours d'eau ou surplombant les pâturages. Le choix du support, en l'occurrence le grès, est dicté par la qualité granulométrique de ce genre de roche susceptible d'être gravé plus ou moins facilement à l'aide d'un instrument solide. La position de la dalle/support est, dans la plupart des sites semi-horizontale. La position verticale est, néanmoins, assez fréquente. C'est le cas, par exemple, de quelques site de la vallée de Tamanart (région de Foum El Hisn) et du site de Foum Chenna (région de Zagora).

Ce sont donc, en résumé, les conditions hydrographiques et la disponibilité d'un support adéquat, conjuguées à une pratique faisant partie du cortège des expressions culturelles qui ont été à l'origine de l'existence de ces pétroglyphes chargés de significations et de symbolisme. La pérennité de cette pratique et sa diversité dans l'espace sont des indices significatifs d'une exploitation de l'espace indéniablement liée à des entités ethno-culturelles particulières.

La « lecture » de ces bibliothèques iconographiques, que permettent aujourd'hui les moyens d'investigations et de recherche fournis par le progrès scientifique, est une façon de remonter l'histoire et de restituer des épisodes fort lointains des anciennes populations.

ESQUISSE D'UNE ANALYSE

Les différentes formes de l'art rupestre marocain s'intègrent parfaitement dans le contexte rupestre nord-africain et saharien. La rareté des peintures[13] pariétales au

---

[7] Simoneau, 1977.

[8] Chenorkian, 1988.

[9] Rodrigue, 1999.

[10] Association Marocaine pour la Protection du Patrimoine Rupestre (AMPPR).

[11] Il est à noter, cependant, que le Nord de la chaîne atlasique est quasiment dépourvu de gravures rupestres. Mis à part quelques gravures sporadiques, exception faite du site de Jbilet se trouvant à 130 km au Sud de Casablanca (Searight, 1991), cette partie du Maroc n'a livré jusqu'à présent que quelques esquisses éparses de peinture rupestre (Heckendorf et al., 1999). Cependant la région offre également des conditions géographiques et hydrographiques plus importantes. L'acte de graver serait donc plus un fait ethno-culturel qu'un effet de nature et d'environnement écologique.

[12] Salih et al., 1998, Nami et al., 2000.

[13] Les plus intéressantes peintures découvertes à ce jour sont, peut-être,

Maroc fait la différence étonnante et incompréhensible avec le Sahara (particulièrement le Tassili n'Ajjer). Par ailleurs, le Maroc n'a livré jusqu'à présent aucune figuration qui puisse être rattachée au style dit des « têtes rondes ».

LE STYLE « BUBALIN NATURALISTE »

Comme nous l'avons déjà mentionné plus haut, les gravures recensées au Maroc se référant au style « bubalin » qualifié de « naturaliste » n'existent que dans la Saguiet el Hamra. Nous avons, en effet, relevé dans le site de Lomat el Aasli des bovinés typiquement gravés dans ce style. Ces gravures sont exécutées, en grandes dimensions, par un trait très profond, large et totalement patiné. La différence avec le style « tazina » réside essentiellement dans les dimensions de la figure et dans le réalisme de la représentation.

Pourquoi le style du « bubalin » naturaliste n'existe-t-il pas par ailleurs dans les autres sites ? Telle est la question légitimement posée mais dont la réponse est impossible pour le moment à apporter.

Toujours dans la région de Saguiet el Hamra et non loin du site de Lomat el Aasli, le site de Aasli Bou Kerch a livré plusieurs figurations de ce style comme on peut le déduire des illustrations reproduites par M. Almagro Basch[14]. Ainsi, la figure 145, représentant un éléphant, atteste d'une expression très naturaliste de l'animal et d'une précision du rendu qui laissent aisément comparer cette gravure à celles du même style et que l'on trouve habituellement dans le Messak[15]. L'éléphant est représenté ici en profil semi-absolu, « unioculaire » et dont les extrémités des pattes sont bien arrondies. Il est curieusement saisi par un anthropomorphe lui-même représenté dans un style réaliste et, probablement, tenant la queue de l'animal. Est-ce une scène de chasse habituellement rencontrée dans l'ambiance de l'art rupestre des chasseurs pré-néolithiques (ou même néolithiques) ou atteste-t-elle déjà d'une période de domestication des animaux ? Le boviné de la figure 147 d'Almagro Basch[16] est également représenté dans le même style[17].

Les grandes dimensions ne semblent pas être une caractéristique intrinsèque de ce genre de gravures. En effet, un meilleur contre-exemple nous est fourni par les fameux bovinés de Tafraout. Gravés sur une large paroi verticale, ces deux animaux ont été figurés par une technique de piquetage assez superficiel et dont la surface endopérigraphique est, en partie, travaillée. Ils se rattachent indéniablement à l'ensemble bovidien.

LE STYLE TAZINA

Contrairement au style précédent, le style « tazina » est très répandu dans les aires rupestres marocaines à l'exception (peut-être) du Haut-Atlas. La vallée de Drâa et le Sahara englobent la quasi-totalité des gravures taziniennes. Il est défini par la concomitance de trois caractéristiques principales en l'occurrence un trait poli, une patine noire et un schématisme traduit par une représentation en « effilé fin » des sujets.

En général, ce style est également caractérisé par la représentation presque systématique des animaux. Ceux-ci se rattachent à une faune dite « sauvage » ou « tropicale » ou même « éthiopienne » (rhinocéros, éléphant,…) avec, toutefois, une certaine prédominance des antilopes.

Dans la vallée du Drâa, trois sites n'offrent que, presque exclusivement, des gravures de style « tazina ». Il s'agit des sites d'Ait Ouazik (Haut Drâa), de Tiggane et M'laleg (Drâa moyen). Le premier site se distingue, néanmoins, par une légère importance des dimensions des figures par rapport à celles des autres sites. Ce sont surtout les éléphants et les rhinocéros qui sont gravés en grandes dimensions. Dans le même site d'Ait Ouazik, les figures animalières sont parfois associées à des formes dont l'identification et la signification sont très mal définies. Il s'agit surtout des formes spirales et des figures interprétées comme étant des « cache-sexe ». Ce dernier motif interprété également comme étant des « pièges » ou des « nasses » se retrouve partout où le style « tazina » est attesté, que ce soit au Sud marocain, à l'Atlas saharien (lieu de prédilection de ce style) ou au Sahara central. Cet élément figuratif constitue ainsi un point commun entre les artisans du style « tazina » et plaide en faveur d'une unité ethno-culturelle de ce dernier contrairement à la thèse de J-L. Le Quellec[18] qui n'admet pas une relation étroite entre un style de gravure et une entité culturelle, d'autant plus que pour le même auteur « une aire de répartition aussi vaste cadre mal avec la plus utile des définitions du style. »[19] Il a même tenté, vainement d'ailleurs, d'expliquer la différence entre le « Tazina » et «le « bubalin » par des raisons imputées à la « technoforme » (qualité du grès, position de la dalle, position du graveur…). Ce qui exclut forcément l'existence concomitante des deux styles dans un même site. Or, que ce soit à Lomat el Aasli ou à el Aasli Bou Kerch, les deux styles existent et parfois se superposent. Il s'agirait bien de deux « chronostyles » différents et, peut-être, le résultat de deux ethnies différentes.

LE STYLE BOVIDIEN

Le « bovidien » est caractérisé essentiellement par la prédominance des bovins, individuels ou en troupeau, et

---

celles d'Ifrane-n-Taska au Sud de Zagora (Heckendorf *et al.* 1999, Skounti *et al.*, 2000).

[14] Almagro Basch, M., 1946, Prehistoria del Norte de Africa y del Sahara espagnol.

[15] Le Quellec J.-L.

[16] M. Almagro Basch, *Op. Cit.*

[17] Rappelons cependant que l'existence d'un style bubalin ne signifie pas forcément l'existence dans les gravures du buffle antique. Tout autre animal (faune sauvage en général) pourrait être gravé dans ce style. Néanmoins, il faut noter que A. Simoneau a repéré au Sud d'Akka (Drâa moyen) un buffle gravé. Ce qui étend la répartition de ce style au-delà de la Saguiet el Hamra (Simoneau, 1969, carte, p. 98).

[18] J-L. Le Quellec, *Op. Cit.*

[19] J-L. Le Quellec, *Op. Cit.*, p. 158.

exécuté quasi exclusivement par la technique du piquetage. L'existence de plusieurs caractères traduisant la domestication de ces animaux a fait souvent correspondre le qualificatif de « pastoral » à ce style. Ces caractères se résument principalement en scènes de traite, en figures de bovins montés, en association avec des chiens[20], colliers, pendeloques, ...

Plusieurs sites rupestres marocains sont typiquement bovidiens en raison de l'abondance extraordinaire de ce style de gravures. C'est le cas par exemple de toute la vallée de Tamanart dont les falaises présentent des dalles verticales sur lesquelles de très nombreuses frises de bovins sont gravées.

Ces derniers sont en général à surface endopérigraphique entièrement ou partiellement travaillée. La patine complètement différente de celle des figures taziniennes ou « bubalines » est moyennement claire. En plus de Tamanart, le Drâa moyen offre une multitude de sites se rattachant au bovidien. Il s'agit d'Adrar M'tgourine, Imitek, Akka-Izem, ... pour ne citer que les plus importants.

Le style bovidien continue d'exister même au cours des époques ultérieures. Ainsi, au Yagour (Haut-Atlas), ce genre de bovins est abondant et associé à des représentations d'armes qui appartiennent déjà à l'âge des Métaux.

Le style d'Adrar Stouf au Sud du Sahara marocain présente un type de bovins dont l'exécution est très particulière. En patine claire[21], les figurations sont très schématiques et l'animal n'est représenté que sous forme d'un triangle avec systématiquement, les cornes dressées en avant en profil absolu.

DU NATURALISME AU SCHÉMATISME

Les équidés manquent dans les figurations de la faune sauvage (bubalin, Tazina) et même dans plusieurs sites rupestres marocains. Signalons, toutefois, que plusieurs équidés ont été gravés sur des bovins piquetés du Drâa moyen[22]. Ce genre de superposition suppose, évidemment, l'apparition tardive des équidés. En outre, plusieurs figurations de cet animal permettent d'identifier les caractéristiques d'une domestication avancée. C'est le cas par exemple du petit cheval d'Ait Ouazik, incisé et enrêné. Dans la plupart des autres cas, ils sont associés à des personnages.

Par ailleurs, la précision du rendu permet parfois de déterminer l'espèce. Si *equus asinus* est souvent facilement reconnaissable (comme celui de l'Oukaïmeden) et si le cheval proprement dit (*equus caballus*) est également, dans la plupart des cas, déterminé, le zèbre (*equus mauritanicus*) est, en revanche, assez difficile à reconnaître.

Parmi les relevés de R. Wolff[23], on reconnaît un équidé provenant du site d'Ait Ouazik qui porte des rainures pouvant évoquer celle du zèbre[24]. On a communément associé l'apparition du cheval à celle du char. R. Wolff qui en a fait une typologie des formes et des techniques[25] a remarqué parfois des associations directes avec des bovinés. L'attelage au bœuf est-il antérieur à celui équidien ? Dans tous les cas, les chars existent en milieu bovidien. C'est le cas par exemple des sites de Tamanart, de Yagour... Cependant, les gravures des chars semblent avoir été plus répandues et plus diversifiées en milieu libyco-berbère (Taouz[26], Waramdaz, Yagour[27]...).

La tendance vers le schématisme atteint son extrême avec l'apparition du chameau (dromadaire). L'époque caméline, selon la chronologie traditionnelle de l'art rupestre, marque la période la plus tardive des représentations rupestres. La figuration des animaux (et même des anthropomorphes) n'est réalisée que par des silhouettes très schématiques. Cette période est caractérisée également par la prédominance de la technique du piquetage.

Par ailleurs, cette tendance générale vers le schématisme est, partout, accompagnée d'une prolifération du symbolisme. En effet, très souvent les gravures rupestres rapportées aux périodes tardives renferment tout un arsenal de signes et de symboles dont la majorité reste énigmatique. Bien avant l'apparition des caractères libyco-berbères, ces symboles et ces formes énigmatiques se trouvent associées à des figurations d'animaux, à des anthropomorphes et à des scènes qualifiées de combat ou de chasse. Il y a lieu de se demander si ces symboles ne constituent pas le stade présyllabique de l'écriture libyco-berbère[28]?

ESQUISSE D'UNE CHRONOLOGIE

Même si les gravures rupestres sont très difficilement cernées par des datations absolues, elles peuvent être rattachées à une chronologie relative plus ou moins fiable. Une telle démarche est possible grâce à la concordance de plusieurs données dont les plus appropriées sont :

Le processus de la patinisation liée à la fixation des oxydes de fer ou de manganèse par des micro-organismes sous des conditions climatiques données (éolisation, succession des phases aride, humide...) est, en général, proportionnel au

---

[20] Le chien figurant effectivement parmi les premiers animaux domestiqués.

[21] Gardons bien à l'esprit que la patine est intimement liée aux conditions climatiques.

[22] R. Wolff, *Op. Cit.*

[23] R. Wolff, *Op. Cit*, fig. 29, p. 148.

[24] C'est le cas également de la figure 30, *Op. Cit*, p. 148.

[25] R. Wolff, *Op. Cit.*

[26] J. Menié et C. Allain, 1956, Quelques gravures et monuments funéraires de l'extrême sud-est marocain, *Hesperis*, t. XLIII, 1er –2ème trimestres, p. 51-88.

[27] J. Malhomme, 1959, Corpus des gravures rupestres, t.1.

[28] Hachid, 2000.

temps. Ainsi, un trait très patiné est plus ancien par rapport à un trait non, ou peu patiné. Une estimation relative de l'âge d'une gravure est ainsi possible grâce à la patine de la figure.

La thématique des gravures, c'est-à-dire la nature des sujets gravés, est, également attribuable à une époque donnée. Aussi large soit elle, cette attribution permet déjà de poser une fourchette chronologique aux thèmes gravés.

La superposition d'une gravure à une autre permet de trancher sur l'antériorité de celle d'en dessous par rapport à celle d'en dessus.

La conjugaison de ces trois constats appliquée à une grande échelle d'art rupestre autorise une sériation chronologique de cet art. Ainsi, les divers travaux effectués sur plusieurs sites d'art rupestre ont donné une succession de quatre périodes majeures : bubaline, bovidiene, caballine et cameline. Si l'on s'accorde, en général, sur la validité de cette sériation chronologique, le problème reste posé quant au degré de l'ancienneté de chacune de ces périodes.

Dans le cadre général de l'Afrique du Nord et du Sahara, on peut remarquer l'existence, dans la littérature concernant l'art rupestre, de deux tendances opposées :

Une première tendance vers le « vieillisme » excessif de l'art rupestre dont M. Lupacciolu[29] (1992) représente l'extrême en rapportant les plus anciennes figurations rupestres à plus de 20 000 ans. La patine de ces dernières daterait ainsi du Grand Aride post-atérien.

La deuxième tendance est représentée par A. Muzzolini qui rajeunit systématiquement l'ensemble de l'art rupestre nord africain et saharien.

L'auteur présente la chronologie de cet art comme suit[30] :

- Une période datant de 4000-2000 BC (l'Humide néolithique) qui englobe le « bubalin », les « têtes rondes » et le « bovidien » ancien.
- Une deuxième période qui daterait de 2500-2000 BC (Aride postnéolithique) englobant une période du « bubalin » et l'ensemble du « tazina ».
- Une troisième période qui se situerait autour de 1500-1000 BC correspondant au « bovidien » et au « caballin ».
- Et une quatrième période très tardive relative au « camelin ».

Si la chronologie de Muzzolini respecte la sériation des grandes périodes majeures, elle dénote, néanmoins, un excès de « rajeunissement » et confond parfois deux grandes périodes majeures en une seule (bovidien et caballin).

---

[29] Lupacciolu, 1992.

[30] A. Muzzolini, 1986, *L'art rupestre préhistorique des massifs centraux sahariens*, Cambridge, BAR International Series 318, 355p.

La troisième période de Muzzolini correspondant au « bovidien » est datée de 1000 BC. Or, les plus anciennes écritures libyco-berbères remonteraient à environ 1000-1200 BC. C'est le cas de l'inscription de l'Azib n'Ikkis au Yagour. La période « bovidienne » marque l'apogée de la domestication des animaux. Elle est donc beaucoup plus ancienne que ce que suggère A. Muzzolini.

A notre avis, et sans aucune preuve scientifique tangible, les gravures bubalines de Saguiet el Hamra remonteraient au moins à la période ibéromaurusienne (plus de 12 000 ans BP). Les figurines mises au jour au site ibéromaurusien d'Afalou Bou Rhummel[31] attestent d'une dimension artistique très développée chez les populations de cette culture préhistorique. La fréquence des ossements du Buffle dans les gisements ibéromaurusiens corrobore encore cette idée.

Par ailleurs, le style « tazina », qui n'est en fin de compte qu'une variante évoluée et généralisée du « bubalin » serait contemporaine de la fin de celui-ci et continuerait d'exister un peu plus tard.

Adresse de l'auteur

Mustapha NAMI
Centre National du Patrimoine Rupestre
Dar El Bacha, Rmila, Marrakech
MAROC

Bibliographie

ALMAGRO BASCH, M., 1946, Prehistoria del norte de Africa y del sahara espanol, Barcelona.

CHENORKIAN, R., 1988, Les armes métalliques dans l'art protohistorique de l'occident méditerranéen, Paris, CNRS.

CLOTTES, J., 1997, L'art rupestre, un message culturel universel, UNESCO.

CREMASCHI, M., 1994, Sur les datations des figurations rupestres sahariennes, Sahara, 6, p. 124-130.

HACHI, S., 1996, L'Ibéromaurusien, découvertes des fouilles d'Afalou (Bédjaïa, Algérie), L'Anthropologie, 100, p. 55-76.

HACHID, M., 2000, Les premiers Berbères, entre Méditerranée, Tassili et Nil, Ina-Yas, Édisud.

HACHID, M., 1998, Le Tassili des Ajjer : aux sources de l'Afrique, 50 siècle avant les pyramides, Éditions Paris-Méditerranée.

HECKENDORF, R. et SALIH, A., 1999, Les peintures rupestres au Maroc : État des connaissances, Beiträge zur Allgemeinen und Vergleichenden Archäologie, 19, p. 233-257.

LE QUELLEC, J-L., 1998, Art rupestre et Préhistoire du Sahara : le Messak libyen, Paris, Payot & Rivages.

LUPACCIOLU, M., 1992, Arte e culture del Sahara prehistorico, Rome.

MALHOMME, J, 1953, Les représentations anthropomorphes du Grand Atlas (Maroc), Libyca, 1, p. 373-385.

MALHOMME, J, 1955, Les armes gravées du Haut Atlas, Congrès Préhistorique-Strasbourg-Metz, p. 395-402.

---

[31] Hachi, 1996.

MALHOMME, J, 1958-59, Les représentations de hallebardes du Grand Atlas : Les techniques d'incision, Bulletin d'Archéologie Marocaine, 3, p. 371-377.

MALHOMME, J,, 1958-59, Le Bronze II dans le Grand Atlas : les sacrifices humains, Bulletin d'Archéologie Marocaine, 3, p. 379-387.

MALHOMME, J., 1959, Corpus des gravures rupestres du Grand Atlas (1ère partie), Publication du service des antiquités du Maroc, fascicule 12.

MALHOMME, J, 1961, Corpus des gravures rupestres du Grand Atlas (2ème partie), Publication du service des antiquités du Maroc, fascicule 14.

MENIE, J. et ALLAIN, C., 1956, Quelques gravures et monuments de l'extrême sud-est marocain, Hesperis, XLIII, p. 51-88.

MUZZOLINI, A., 1986, L'art rupestre préhistorique des massifs centraux sahariens, Cambridge, BAR, 355p.

NAMI, M. et SKOUNTI, A., 2000, Patrimoine rupestre et développement durable, Colloque international : Développement durable au Maghreb, Rabat 27-29 avril 2000 U.F.R Chaire UNESCO-GAS NATURAL. (sous presse)

REINE, M., 1969, Les gravures pariétales libyco-berbères de la Haute vallées de Draâ, Antiquités Africaines, 3, p. 35-54.

RODRIGUE, A., 1999, L'art rupestre du Haut Atlas marocain, Paris, l'Harmattan, 420 p.

RUHLMANN, A., 1934, Les graffiti libyco-berbères, Bulletin de la Société de Préhistoire Marocaine, 3-4, p. 89-96.

RUHLMANN, A., 1934, Les gravures rupestres de Merkala (Maroc saharien), Bulletin de la Société de Préhistoire Marocaine, 3-4, p. 47-57.

RUHLMANN, A., 1935, Pierres gravées et tumulus de Jbel Siroua (Maroc), Publication du service des antiquités du Maroc, I, p. 1-8.

RUHLMANN, A., 1938, Gravures rupestres de l'Oued Draâ, Publication du service des antiquités du Maroc, 3, p. 83-97.

RUSSO, P., 1934, Sur les gravures rupestres de l'Oued Draâ (Maroc méridional), Bulletin de la Société de Préhistoire Marocaine, 1-2, p. 3-6.

SALIH, A., OUJAA, A., HECKENDORF, R., NAMI, M., EL GRRAOUI, M., LEMJIDI, A. et ZOHAL, H., 1998, L'aire rupestre de l'Oukaimeden, Haut Atlas : occupation humaine et économie pastorale, Beiträge zur Allgemeinen und Vergleichenden Archäologie, 18, p. 253-295.

SEARIGHT, S., 1991, Gravures rupestres des Skour des Rehamna (Maroc), Bulletin de la société préhistorique ariégeoise, XLVI, p. 235-248.

SIMONEAU, A., 1969, Les chasseurs-pasteurs du Draâ moyen et le problème de la néolithisation dans le Sud marocain, Revue de Géographie du Maroc, 16, p. 97-116.

SIMONEAU, A., 1976, Les rhinocéros dans les gravures rupestres du Draâ-Bani, Antiquités Africaines, 10, p. 7-31.

SIMONEAU, A., 1977, Catalogue des sites rupestres du Sud Marocain, Publication du Ministère des Affaires Culturelles, Rabat.

SKOUNTI, A. et NAMI, M., 2000, Une inscription rupestre peinte d'Ifran-n-Taska (Sud marocain), Sahara, 12, p. 174-176.

SOUVILLE, G., 1990, Disques et représentations énigmatiques sur les gravures rupestres du Haut-Atlas : Essai d'interprétation et de datation, l'Anthropologie, 94, p. 569-576.

WOLFF, R., 1982, Contribution à l'étude des chars rupestres du Sud-marocain, Actes du colloque : Les chars préhistoriques du Sahara : Archéologie et techniques d'attelage, Sénanque 21-22 mars 1981.

TRACES DE L'ART RUPESTRE FEZZANAIS DANS LA TADRAT ALGERIENNE

Karl Heinz STRIEDTER & Michel TAUVERON

Résumé : Entre 1994 et 1997 la Tadrart algérienne a fait l'objet de plusieurs campagnes de prospection intensive. Compte tenu de la proximité du Messak, il semblait plausible d'y retrouver des influences sensibles de ce centre fezzanais de l'art rupestre. Si une telle influence transparaît, c'est de façon globalement discrète et dispersée et un seul site s'est avéré, en l'état des travaux, la dénoter sans mélange. Situé à la bordure est de la Tadrart, ce site, bien que non exempt de potentiels remaniements, montre un ensemble de gravures toutes d'aspect typiquement fezzanais. Une première analyse conduit cependant à faire valoir quelques divergences avec les sites publiés du Messak. Elles montrent une fréquentation probablement plus courte et un abandon plus précoce. Ces caractères peuvent-ils apporter quelques clés à la compréhension du très complexe ensemble du Messak ? Peu affecté par des effets de retouche et d'entretien, ce site montre, en effet, des échelles de patine et d'érosion nettes qui s'associent à des techniques et thèmes différents, que des superpositions permettent d'ordonner. Permanence de certains thèmes, évolution de leur traitement qui affecte surtout l'aspect technique du style, y sont également perceptibles. S'il est ainsi possible de dégager ici les grands traits d'une évolution chronologique, l'absence de certains thèmes du Messak, notamment de représentation humaine, ne permet ni une application stricte, ni un raccord facile de cette séquence à l'art du Messak.

Abstract: Between 1994 and 1997, the Algerian Tadrart was the object of several intensive survey projects. Given the proximity of the Messak, it seemed plausible that one might find there detectable influences of the Fezzan centre of rock art. If any such influence were evident, it would be overall discrete and dispersed. In the present state of research there is only one site which denotes such an impact. Situated on the eastern edge of the Tadrart, this site, although not free from potential modifications, demonstrates an assemblage of engravings, all typically Fezzan. However, an initial analysis indicates some differences from the published Messak sites. They show probably briefer periods of occupancy and earlier abandonment. Might these characteristics provide certain clues to the understanding of the very complex assemblage of the Messak? Not much impacted by the effects of alteration and maintenance, this site actually shows clear degrees of patina and erosion which are associated with different techniques and themes, the ordering of which is permitted by the superimpositions. The permanence of certain themes and the evolution of their treatment, which affects above all the technical aspect of their style, are also detectable. If it is thus possible to unravel here the broad traits of a chronological evolution, the absence of certain Messak themes, especially of any human representation, allows neither a strict application nor a ready linking of this sequence to the art of Messak.

Entre 1994 et 1997 la Tadrart algérienne a fait l'objet de plusieurs campagnes de prospection intensive[1] au cours desquelles plus de 500 sites ont été répertoriés. Compte tenu de la proximité du Messak, il semblait plausible d'y retrouver des influences sensibles de ce centre fezzanais de l'art rupestre. En fait, une telle influence s'est montrée discrète, presque inexistante au nord du bassin de l'In Djaren, limitée à la bordure orientale du massif plus au sud où elle ne montre cependant ni concentration, ni réelle continuité (v. carte). Le plus souvent, comme à Wan Zawaten (Fig. 1) elle transparaît dans des reprises de gravures bovidiennes, mais certains panneaux, comme au confluent des oueds Iberdjen et Markawendi (Fig. 2), montrent aussi des œuvres fezzanaises et bovidiennes se complétant dans une même composition.

En l'état des travaux, un seul site, situé au confluent de l'oued In Ezzan et d'un de ses afflluents, à la bordure est de la Tadrart, montre un ensemble de gravures toutes d'aspect typiquement fezzanais, sans aucune autre influence. Il s'agit d'une frise d'une vingtaine de mètres de long qui occupe le pied d'une paroi légèrement inclinée au-dessus d'un petit ressaut rocheux surmontant l'incision principale de l'oued (Fig. 3). L'ensemble a souffert d'une forte érosion ou éolisation enlevant les couches tendres du grès, la partie gauche ayant été la plus touchée, et l'état de conservation des gravures est généralement médiocre : si quelques représentations n'ont ainsi laissé que des traces, beaucoup sont quand même bien lisibles grâce à un trait original suffisamment profond pour résister longtemps à l'abrasion et, pour certaines au moins, la pratique de reprises. Toutes ces gravures sont à patine totale et aucune œuvre ne saurait être attribuée aux périodes récentes de l'art saharien, caballine ou caméline.

La faune sauvage est représentée par deux éléphants, un hippopotame suité, trois buffles, trois bubales (Pelorovis antiquus) et peut-être un rhinocéros. Les éléphants (Fig. 4), certes proches des canons du Messak, ne montrent pas une identité très marquée, d'autant que leur conservation laisse à désirer, mais d'autres représentations de ce site, de types bien connus du Messak, se sont montrées uniques pour la Tadrart, soit en tant que motif, soit pour leurs caractéristiques stylistiques. Ainsi, la gravure d'hippopotame (Fig. 5), thème très rare dans la région, a été réalisée en contour double à trait incisé et à surface intérieure polie. La technique de représentation et surtout l'empreinte stylistique portent le sceau du Messak et, p.e., une gravure quasi-identique se trouve dans l'In Habeter. Les figurations de buffles, tête renversée en arrière avec un cornage épais, presque fermé, illustrent un thème qui, jusqu'alors, n'était connu qu'au Messak.

---
[1] Les campagnes ont été réalisées de 1994 à 1997, en collaboration avec l'Office du Parc National du Tassili, grâce aux efforts de son ancien directeur Sid Ahmed Kerzabi qu'il nous faut remercier ici.

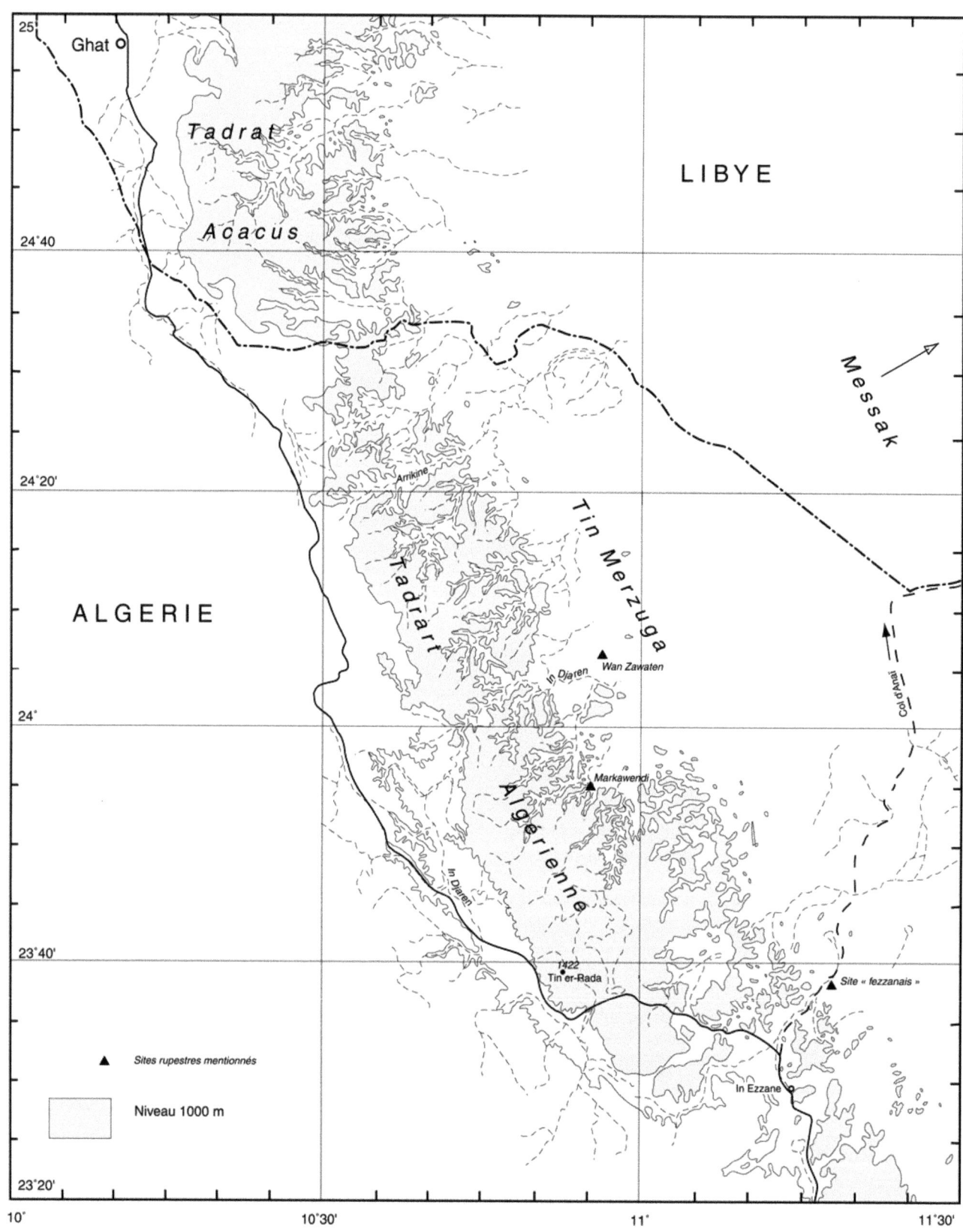

Carte 1. La Tadrart algérienne avec les sites rupestres mentionnés dans le texte.

Les trois gravures de bubales révèlent aussi l'empreinte stylistique du Messak, chacune présentant cependant des caractéristiques particulières. L'un des bubales (Fig. 6), de petite taille avec une longueur de 78 cm, est placé à côté d'un bœuf plus grand. Les deux figures ont été réalisées par un trait profondément incisé et semblent apparentées sur le plan stylistique. Selon la chrono-typologie établie par R. et G. Lutz[2] pour le Messak, cette figure devrait être

---

[2] Lutz, Rüdiger and Gabriele, 1996, The Bubalus rock of Wadi In Elobu. A chronological indicator of early rock art in the Messak Sattafet and Messak Mellet, Fezzan/Libya. *The Colloquia of the XIII*

rangée dans le type " cattle like " du " Later Hunter Style ", qu'ils situent à la fin de l'Holocène moyen, bien qu'elle s'en démarque un peu par un souci du détail légèrement plus poussé (annelures du cornage, détail du chignon, perspective des antérieurs). Les deux autres bubales appartiendraient au " Early Hunter Style " dans lequel les Lutz différencient les types " naturalistic ", " decorative " et " classic ". L'un de ces deux bubales ne peut être plus précisément rapporté à l'un de ces types car il n'est que partiellement conservé, seuls tête et cornage restant lisibles, le corps, effacé, ayant été remplacé ultérieurement sur la paroi par des gravures de bœufs formant une partie d'un troupeau (Fig. 7). Le troisième bubale (Fig. 8) s'avère d'un type intermédiaire aux modèles " decorative ", auquel il est apparenté par le détail des sabots, la figuration de la queue et l'annelure très partielle du cornage, et " classic " dont il est plus proche par la technique et le mode de représentation des détails de la tête (œil, bouche et naseaux). Selon la chronologie proposée par les Lutz, une telle gravure serait donc située à la charnière Holocène inférieur / Holocène moyen. Cependant, cette gravure quoique bien lisible dans l'ensemble montre, dans le détail, des différences sensibles de conservation : globalement, la partie antérieure est mieux conservée que l'arrière-train, ce qui ne semble pas dû à une variation de qualité de la roche ni de son exposition aux intempéries ; l'une des pattes antérieures a manifestement été reprise alors que l'autre, lourde et peu adaptée à l'ensemble de la représentation, est très effacée ; de même, le poitrail, la ligne du dos et le cornage ont été repris, partiellement pour ce dernier dont l'essentiel des annelures n'a pas été retouché et se trouve fort peu lisible. Dans ces conditions, si l'une des cornes du bubale recoupe deux petits animaux, un bovidé au trait piqueté et les restes d'une probable antilope, il est difficile d'attribuer un sens à cette superposition si ce n'est que la reprise du cornage est en tout cas postérieure à la réalisation de ces deux gravures.

Les anthropomorphes sont rares ici : outre une petite silhouette à tête ovoïde sans détails, deux personnages masqués ou à tête animale se trouvent sur la partie droite de la paroi. L'un d'eux porte une tête de chacal ou chien (Fig. 9), thème aujourd'hui considéré comme " classique " du Messak. Le contour de la gravure a été bien incisé et la surface intérieure a subi un polissage soigneux. La figure est encore bien lisible quoique la partie inférieure en soit très usée, mais la tête au moins a été reprise comme en témoigne la modification du tracé des oreilles. Du deuxième personnage masqué ne reste que la tête, presque illisible.

Même s'il n'est pas possible d'en donner un décompte précis pour des raisons de conservation, les bœufs comptent au moins une quinzaine d'individus et forment ainsi le motif le plus fréquent du site (Fig. 7). Mis à part quelques gravures peu significatives, ils sont tous à rattacher à un type du Messak, que l'on rencontre aussi dispersé ailleurs dans la Tadrart. Les gravures ont été réalisées au trait incisé ou au trait piqueté poli et l'on peut trouver les deux techniques combinées sur un même sujet. Quelques gravures ont subi un polissage de la surface intérieure (Fig. 10). Des traces de reprise ne sont pas évidentes, sauf dans le cas de l'animal le plus à gauche qui, par ailleurs, " ferme " le panneau. Au centre, dans l'espace occupé par les bovins, on distingue des restes de gravures plus anciennes que l'on ne peut malheureusement pas du tout identifier. Sur le plan stylistique, on distingue dans ces bovins quelques éléments iconographiques significatifs : cornes épaisses, larges et, pour la plupart, tournées vers l'avant ; yeux en double trait ; oreilles bien marquées, horizontales, en arrière de la face ; forme particulière des sabots. Pour la Tadrart c'est un type stylistique bien défini qui paraît le plus ancien de l'art gravé bovidien. Il s'agit probablement de bœufs domestiqués : ils sont rendus en partie en troupeaux dans une perspective réaliste correspondant à la perception visuelle, même si peu d'animaux sont porteurs de signes clairs de domestication, tels le portage d'objets entre les cornes (Fig. 10) ou une robe pie. Cependant, les hommes en relation avec ces bovidés font toujours défaut dans la Tadrart.

Enfin, pour compléter l'inventaire du site, un personnage à masque de crocodile et deux hippopotames se trouvent sous un abri sous roche à moins de cinquante mètres au Nord de la paroi, une dizaine de mètres plus haut. L'état de conservation des gravures au trait large piqueté-poli est médiocre, sauf le masque de crocodile et un des hippopotames qui sont bien lisibles. Dans l'état de nos connaissances, il s'agit du premier masque de crocodile reconnu au Sahara central.

Même si cet ensemble de gravures présente un aspect fezzanais, il faut faire valoir cependant quelques divergences avec les sites publiés du Messak. Ainsi, la grande faune sauvage n'apparaît qu'à une échelle réduite : on n'y trouve par exemple aucune représentation de girafe, normalement plutôt fréquente, ni celle de l'aurochs, typique du Messak. Il faut constater également l'absence de l'homme (sauf une petite gravure peu significative et les figures à têtes animales), de femmes ouvertes et de personnages ithyphalliques. Si l'on trouve bien ces éléments ailleurs dans la Tadrart, ils sont dispersés et sans contexte correspondant. Ce choix réduit des sujets représentés, le fait que les gravures ont été peu affectées dans l'ensemble par des effets de retouche et d'entretien – dans la Tadrart la reprise par piquetage des gravures anciennes est presque la règle –, il nous semble probable que la fréquentation du site ait été relativement courte. De plus l'homogénéité des aspects stylistiques, des effets de patine et d'usure, renforce encore cette idée. Si les traces d'une fréquentation antérieure sont perceptibles à travers des restes de gravures très anciens et fort délicats à identifier[3], il semble qu'elles avaient déjà quasiment disparu lors de la réalisation de la plupart des œuvres encore perceptibles aujourd'hui : en tout cas, il ne fut pas même tenté de les rajeunir, sauf, peut-être, les bubales. Dans le seul cadre chronostylistique actuellement proposé

International Congress of Prehistoric and Protohistoric Sciences, Forlì (Italia) 8-14 September 1996. Section 15 - The prehistory of Africa. Colloquium XXIX: The Most Ancient Manifestations of Rock-Art in Africa and their "Religiousness", 15, p. 137-150.

[3] Un des écueils des travaux d'inventaire est leur nécessaire rapidité : ce site, vu dans une lumière peu favorable, mériterait une observation sur place plus approfondie.

pour l'art rupestre du Messak, établi par R. et G. Lutz, ce site couvrirait plus ou moins la totalité de la période bovidienne : deux gravures de *Pelorovis* représentent encore la période bubaline, elles seraient à rapporter à la fin de celle-ci, ce qui maintient le " débordement " dans des limites très raisonnables. Peut-on en déduire que l'ensemble du site marque la transition d'une culture de chasseurs à une culture de pasteurs ? Il faut admettre que les éléments à notre disposition ne sont pas suffisants pour l'établir formellement.

Bien que la parenté entre la séquence du site et l'art du Messak est évidente, il n'est pas facile d'établir un raccord direct entre les deux. Les deux plateaux, Tadrart et Messak, étant inclinés vers l'est, l'homme préhistorique a trouvé ses ressources naturelles principalement vers les ergs au pied des pentes douces. La falaise abrupte du Messak n'a certainement pas empêché des influences culturelles entre les régions, mais, avec deux passes seulement dans sa partie méridionale, elle a toujours présenté un obstacle à la fréquence et la continuité des relations et exclut toute idée de transhumance entre Messak et Tadrart. Est-ce que la séquence de ce site ne serait que le reflet d'un apport culturel du Messak ? Lors de notre passage sur place nous avions l'impression d'une " colonie fezzanaise ", et peut-être cette impression n'est elle pas loin de la réalité. Dans le même secteur, d'autres vestiges archéologiques, notamment la présence de pierres d'entrave (dites aussi de Ben Bahrur), montre que les groupes du Messak ont pu déployer des tendances à l'expansion ayant amené un certain impact sur la Tadrart. Cet impact ne semble pas avoir été de longue durée, peut-être parce que l'environnement pourrait avoir subi une détérioration plus précoce dans la partie méridionale de la Tadrart algérienne que dans les régions voisines à la fin de l'Holocène.

Pour l'instant cette idée, issue d'un simple travail de pré-inventaire, reste cependant à vérifier par une étude plus précise de l'ensemble de l'art rupestre de la Tadrart Algérienne et de ses contextes archéologiques et environnementaux.

Bibliographie

LUTZ, R., & LUTZ, G., 1996, The Bubalus rock of Wadi in Elobu. A chronological indicator of early rock art in the Messak Sattafet and Messak Mellet, Fezzan/Libya. In *The Colloquia of the XIII International Congress of Prehistoric and Protohistoric Sciences, Forlì (Italia) 8-14 September 1996. Section 15 - The prehistory of Africa. Colloquium XXIX: The Most Ancient Manifestations of Rock-Art in Africa and their "Religiousness"*, 15, p. 137-150.

LUTZ, R., & LUTZ, G., 1995, *Das Geheimnis der Wüste. Die Felskunst des Messak Sattafet und Messak Mellet – Libyen*. Innsbruck, Golf.

VAN ALBADA, A., & VAN ALBADA, A.-M., 2000, *La montagne des hommes-chiens. Art rupestre du Messak Libyen*, Paris, Seuil.

Figure 1. Wan Zawaten : reprises de gravures bovidiennes du type fezzanais ; bovidé à droite 100 cm.

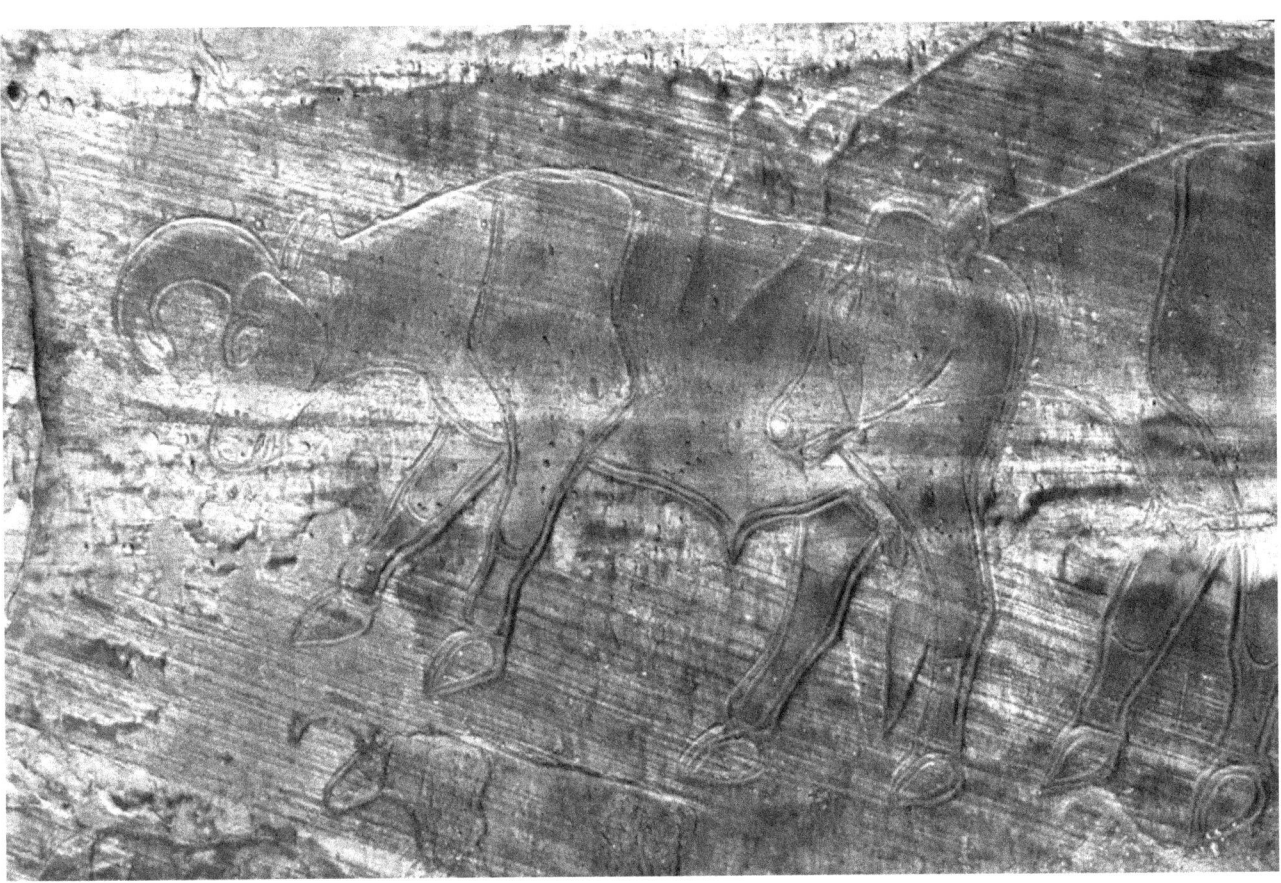

Figure 2. Markawendi : gravures bovidiennes du type fezzanais ; bovidé faisant partie d'un troupeau, 160 cm. env.

Figure 3. Le site « fezzanais » : les gravures se trouvent au pied du rocher.

Figure 4. Site « fezzanais » : deux éléphants, celui en haut 119 cm, trait lisse, incisé.

Figure 5. Site « fezzanais » : hippopotame en contour double à trait incisé, 95 cm.

Figure 6. Site « fezzanais » : bubale, 78 cm, et bovidé, trait profondément incisé.

Figure 7. Site « fezzanais » : reste d'un bubale (à droite en haut), troupeau de bœufs en bas ; bovidé au centre 164 cm.

Figure 8. Site « fezzanais » : bubale, en partie repris, 160 cm.

Figure 9. Site « fezzanais » : personnage à tête de chacal, 80 cm, figure à tête ovoïde à gauche, 30 cm.

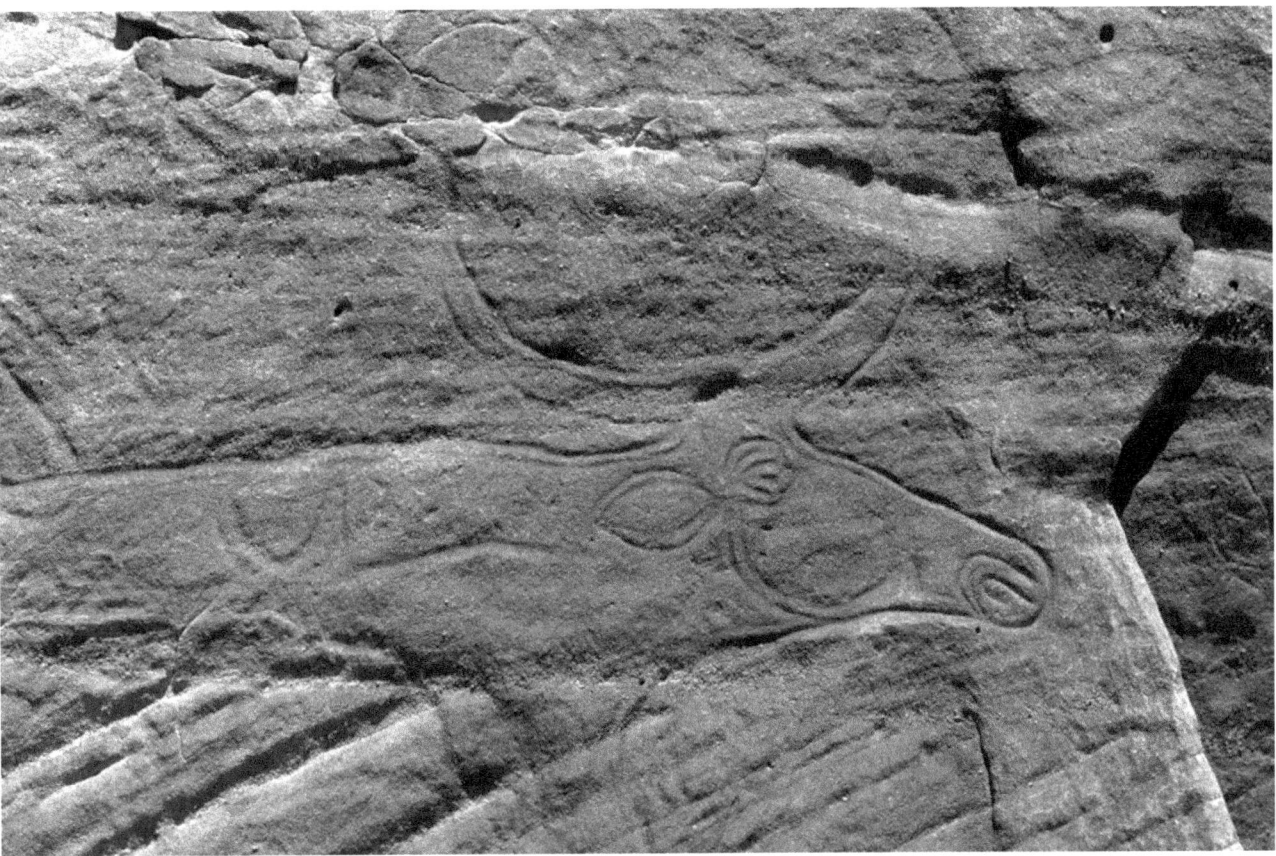

Figure 10. Site « fezzanais » : tête d'un bœuf avec barres entre les cornes, gravure à surface intérieure polie, 171 cm.

L'ART RUPESTRE DE L'ATLAS SAHARIEN (ALGÉRIE) : LES FIGURATIONS DE LA PÉRIODE RÉCENTE

Iddir AMARA

Résumé : Les figurations atlasiques ont fait l'objet de nombreuses études. Celles de G.B.M. Flamand et L. Frobenius entre 1891 et 1914, de R. Vaufrey en 1939, de H. Lhote entre 1955 et 1970. Enfin les thèses universitaires soutenues par J. Iliou et de M. Hachid dans les années 1980 et par I. Amara en 2001. L'étude des figurations atlasiques découvertes depuis 1847 apporte de nouvelles données concernant les gravures de la période récente. L'originalité de ces gravures réside dans l'apparition de nouveaux thèmes jusque-là inconnus. La présence de figures d'allure métallique enrichit le registre de l'art rupestre atlasique. Les inscriptions alphabétiques, un thème nouveau, donnent une identité à cet art. Le travail entrepris sur cette vaste région pose le problème de la persistance de la culture néolithique. L'ensemble des figurations montre quelques aspects de l'évolution de cet art qui deviennent permanents, principalement vers la fin de la période récente.

Mots-clés : Préhistoire, Art préhistorique, Art rupestre, Atlas saharien, Algérie.

Abstract: Figurations in Atlas have been studied numerous times, namely by G.B.M. Flamand and L. Frobenius between 1891 and 1914, by R. Vaufrey in 1939, by H. Lhote between 1955 and 1970. And finally there were J. Iliou's and M. Hachid's theses in the 80's and I. Amara's thesis in 2001. The study of the Atlas figurations discovered since 1847 brought new data on the engravings from the recent period. The originality of the engravings lies in the appearance of new themes, which had been unknown until yet. The presence of metal weapons figures enriches the records of the Atlas rock Art. The alphabetical signs, another new theme, give an identity to this Art. The work undertaken in this vast region raises the problem of the persistency of the Neolithic culture. All the figurations show some aspects of the evolution, which become permanent, mostly at the end of the recent period.

Keywords: Prehistory, prehistoric art, rock art, Saharian Atlas, Algeria.

INTRODUCTION

L'Atlas saharien renferme un nombre important de figures rupestres. Ces figurations qui présentent différents styles et thèmes ont fait l'objet de nombreuses études (v. bibliographie). La région atlasique comporte des traces d'occupation par l'homme depuis le paléolithique (Vaufrey, 1939). L'étude de la flore évoque un climat humide, tantôt froid et assez aride, tantôt doux et aride, se rapprochant du climat actuel. Le climat s'est modifié, devenant peu à peu aride et sec, vers le début de notre ère (Despois et Raynal, 1967).

1617 figurations ont été répertoriées et ont bénéficié d'une étude détaillée (Amara, 2001). Différents sujets sont représentés. Ils sont attribués à différentes phases culturelles. Ils regroupent des personnages, des animaux, des signes géométriques, des caractères alphabétiques, des contours de sandales, des armes et des chars.

Les figures sont exécutées suivant différents procédés. Les plus anciennes sont mieux rendues, le trait est profond et souvent poli et le style est naturaliste (parfois quelques unes sont schématiques). Les plus récentes sont moins nombreuses, le trait est piqueté, parfois martelé et rarement incisé. Les figures sont de style schématique et géométrique. Leur lecture devient difficile (voir figs 1 à 3).

Le travail effectué sur les figurations apporte des précisions et de nouvelles interprétations sur l'ensemble de la région atlasique. Il permet de poser le problème de l'apparition du cheval, de la présence du char et du métal dans la région atlasique, des caractères alphabétiques et de l'émergence d'un nouveau graphisme. Cette culture sort de la préhistoire, mais semble maintenir vivantes les traditions néolithiques.

LE CADRE GEOGRAPHIQUE ET GEOLOGIQUE

La région atlasique occupe une place intermédiaire. Elle est limitée au nord par les hauts plateaux, à l'est par la frontière tunisienne, au sud par les grandes dunes des ergs oriental et occidental, à l'ouest par la frontière marocaine. D'accès difficile, elle est localisée à plus de 2000 m d'altitude à l'ouest et à 1000 m à l'est. De nombreux oueds ceinturent la région. Les cours d'eau coulent du versant nord vers la Méditerranée et du versant sud vers les sables du grand désert.

La région forme la plus importante chaîne de montagne d'Algérie. On retrouve à l'ouest la montagne de Bou Amoud, (monts des Ksour) qui s'élève à 2136 m d'altitude, au milieu les monts des Ouled Naïls à 1600 m, à l'est les monts des Nemenchas à plus de 1000 m.

Au sud, le piémont du massif calcaire est limité par une succession de collines peu élevées, qui constituent la chaîne des Guerguites. A l'Est, au pied des monts de Belezma et Zab, s'étendent les plaines d'El-Hodna. La région offre des abris et de belles surfaces planes sur les roches gréseuses que les graveurs préhistoriques ont utilisé pour laisser leurs traces.

Géographiquement, cette étude portera sur l'ensemble des stations atlasiques. Le choix de la région s'explique par la position qu'elle occupe. Elle se place dans une zone intermédiaire. Elle est soumise aux influences

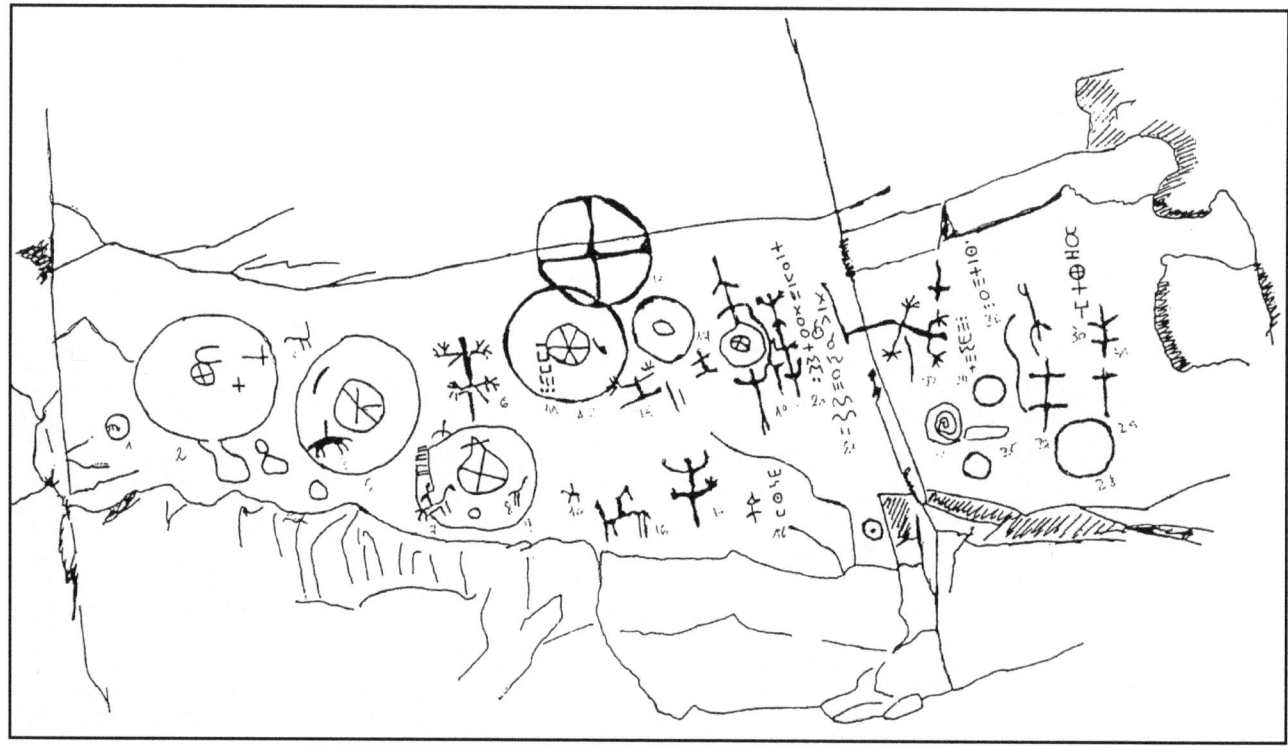

Figure 1. Un panneau de la station de Taghit représentant des inscriptions libyques, des dromadaires, des lézards, des enclos, des cavaliers. Les figures sont piquetées.

Figures 2 et 3. Exemples de figures de l'Atlas saharien très érodées (environ de Aïn Sefra).

méditerranéennes au nord et saharienne au sud. Elle constitue un environnement cohérent.

HISTORIQUES DES RECHERCHES

L'art rupestre atlasique est connu depuis 1847, mais c'est G.B.M. Flamand qui le fera connaître le premier à la communauté scientifique. Il montre dans ses travaux l'intérêt premier que revêt cet art rupestre. Il a publié, dans des conditions difficiles, une importante monographie sur l'art rupestre atlasique du Sud-oranais édité en 1921[1].

L'étude sera complétée par les travaux de L. Frobenius publié en 1925 et ceux de R. Vaufrey en 1939. Ces importantes monographies seront complétées par les publications de H. Lhote et M. Hachid.

Les travaux consacrés aux figurations atlasiques sont sujets à critiques. Un nombre important de gravures sont relevées, mais leur étude se limite à une simple interprétation et ne tient pas compte de la diversité des thèmes et de leur présence dans l'espace atlasique.

---

[1] Le travail considérable de Flamand reste incomplet. Deux chapitres (Livres IV-V) annoncés dans son plan de travail n'ont pas été présentés dans son livre. Lors de sa disparition par noyade, Flamand aurait-il perdu la majeure partie de ses documents sur l'Atlas saharien ? Gsell n'aurait pas, en dirigeant la publication des travaux de Flamand, trouvé les parties manquantes.

LES FIGURATIONS ATLASIQUES

La région atlasique représente une vaste étendue géographique où les nombreux sites rupestres sont éparpillés (fig. 4). Cette région témoigne d'une présence humaine très ancienne. Les activités furent nombreuses. Celles qui intéressent notre étude concernent les figurations rupestres. Nous avons constaté, sur le terrain, que le nombre de rochers gravés est considérable. Les figurations se rencontrent sur des parois de grès ou de calcaire plus ou moins patinées. Nous avons remarqué que la lecture des figures anciennes est facilitée par la technique du trait et par leur dimension, elle est, par contre, plus difficile pour les gravures récentes, car le trait est très superficiel et les figures sont petites.

Figure 4. Paysage du Sud oranais. On remarque en arrière plan, à droite, la station de Tiout.

Notre étude se propose d'étudier l'art rupestre atlasique pour essayer d'expliquer l'étagement des différentes périodes. Nous allons tenter de dégager les constantes et les différences locales. Ce qui nous permettra d'avoir une meilleure connaissance de l'art rupestre atlasique.

NOUVEAU DECOUPAGE CHRONOLOGIQUE

Les différentes classifications de l'art atlasique sont prises en compte et servent de proposition pour un nouveau découpage chronologique. Deux grandes périodes se distinguent. La première regroupe les figures préhistoriques : c'est la période ancienne[2] avec 2019 gravures. La deuxième regroupe 1617 figures qui sont d'un âge récent. Cette dernière période est plus riche en thèmes que la précédente.

Les nombreuses figurations s'étalent sur plusieurs phases culturelles différentes. On découvre sur le même panneau, parfois surchargeant les figures anciennes, dans le même environnement ou isolées, des figures récentes. Elles représentent un autre style, un autre format et une autre thématique. La technique de trait, la patine et le style placent ces figurations dans la "protohistoire" et "l'histoire". Ces figurations sont classées dans la période récente.

La période récente, qui est un prolongement de la période ancienne, correspond aux premières manifestations de figurations d'armes d'allure métallique. Cet indice chronologique nous indique que la période récente entre dans un âge nouveau ; celui du Métal. Cette période voit s'opérer une importante mutation dans l'art rupestre. Les aspects essentiels de cette mutation sont le bouleversement des indices de présence des différents thèmes et l'apparition de nouveaux. Les figures animales diminuent, les figures humaines et les armes augmentent. Les figures de chars et de caractères alphabétiques font leur apparition.

ETUDE DES FIGURATIONS ATLASIQUES

Les différents sujets gravés[3]

L'inventaire, achevé en 1995, a abouti à la mise en forme d'un corpus regroupant l'ensemble des gravures connues de l'Atlas saharien. Le corpus regroupe différents thèmes.

---

[2] Les nombreuses études consacrées à l'art atlasique ont privilégié une étude globale pour l'ensemble de l'art rupestre. Nous avons subdivisé l'art atlasique en deux périodes. Cette subdivision ne justifie nullement une coupure archéologique, mais définit que la période ancienne correspond aux premières manifestations de figurations rupestres. Cet indice chronologique nous indique que la période ancienne est ancrée dans un âge préhistorique. Les figures dans l'ensemble restent naturaliste. L'avènement de la domestication précise l'apparition de nouveaux types de figurations et de nouveaux styles. Les figures sont regroupées et les scènes reflètent la vie quotidienne dans un instant T.

[3] Lors de notre étude nous avons répertorié les principaux thèmes de la période récente.
- Les personnages présentent trois groupes distincts. Le premier offre une concentration de personnages. Il est plus homogène dans la distribution des thèmes. Le deuxième apparaît comme un ensemble périphérique où les figures sont rares. Le dernier groupe occupe une position intermédiaire dont les figures évoluent autour du premier qui, lui, peut jouer le rôle central. L'analyse a montré la présence de quatre types différents. Nous avons les figures simples, les personnages armés, les cavaliers et les chameliers.
- Les figures animales sont inégalement réparties. Les chevaux et les dromadaires sont les plus représentés.
- Les chars sont nombreux mais seulement présent dans le sud-ouest des monts des Ksour.
- Les inscriptions alphabétiques sont inégalement réparties. Elles n'ont bénéficié d'aucune étude épigraphique. L'analyse se limite à indiquer leur présence. Cependant leur présence peut être interprétée comme une signature. C'est un élément qui donne une identité aux gravures de la période récente.
- Les signes géométriques sont présents durant les deux périodes. Ces signes accompagnent souvent les figures alphabétiques.

Leurs présence est inégale dans la région atlasique (601 figures animales ; 228 figures de personnages ; 181 figures de chars ; 164 figures signes géométriques ; 123 figures caractères alphabétiques ; 116 figures d'armes ; 106 figures de contours de sandales ; 69 figures diverses ; 19 figures de mains positives ; 10 figures qui sont des enclos). Certains thèmes, comme les figures animales, sont plus nombreux et d'autres sont faiblement représentés.

Les stations se retrouvent sur l'immensité du territoire atlasique. La superficie des stations est variable. Nous avons des stations plus étalées et d'autres moins. L'analyse a déterminé la forte ou la faible présence des différents thèmes dans chaque station. Le thème caballin et le plus représenté. Nous avons remarqué que moins de 10 stations renferment à elles seules plus de 700 gravures soit 47,62 %.

L'inventaire permet de situer les différentes stations qui présentent des figurations récentes. Il s'agit pour nous de comprendre l'évolution de ces figurations dans l'espace atlasique. Les figures n'obéissent à aucune convention. Les stéréotypes connus de la période ancienne disparaissent (sujet gravé, la technique du trait, la dimension et la patine) et de nouveaux thèmes apparaissent.

Les débuts de la période récente sont marqués par une faible présence de gravures bovines, qui sont un prolongement de la culture néolithique. C'est le moment où commence à émerger la période récente. L'instant qui marque une évolution dans une culture qui jusque-là était préhistorique. L'indice du changement direct est lié à la première apparition des figurations d'allure métallique.

La phase finale de cette période récente se remarque par une concentration, surtout vers les zones les plus arides, de figurations camelines souvent martelées. Il y a également un changement dans la couleur de la patine qui devient plus claire.

Le témoignage archéologique est sans coupure. Il y a une alternance directe entre la période ancienne et la période récente. Certains sujets gravés s'accommodent de cette évolution. Ils deviennent plus schématiques et plus petits.

L'analyse a montré la présence de superposition et d'association de figurations. Nous avons répertorié 13 stations qui offrent des associations.

Enfin l'analyse confirme que la période récente correspond au début de la fin d'une certaine pratique de l'art rupestre. L'espace gravé se réduit considérablement. Les hauts plateaux sont abandonnés au profit des zones plus arides où l'influence saharienne se fait sentir. La présence de figurations par station est inégale. Elles se concentrent sur le flan sud de la zone atlasique et certaines s'enfoncent dans le Sahara. Cette répartition des gravures récentes donne à certaines stations un statut particulier, qui fait d'elles le centre de diffusion de l'art rupestre.

Les petites figures schématiques envahissent la surface gravée de façon désorganisée. La réduction de l'espace gravé et le nombre de figures va s'accélérer vers la fin de la période récente. Quelques stations concentrent à elles seules la majorité des figures de la phase cameline. Cette réduction a pour conséquence l'abandon progressif de la culture de l'art gravé qui coïncide avec l'émergence des premiers conquérants musulmans.

La technique du trait[4]

Pour comprendre la technique d'exécution des gravures, nous avons étudié plus particulièrement la technique des différents traits. Les figures sont réalisées suivant différentes techniques. Nous avons des gravures au trait piqueté. Les figures peuvent présenter différents piquetages. Le trait résulte d'une succession de cupules régulières ou irrégulières, profondes ou peu profondes, organisées ou désorganisées. Il y a le trait martelé. C'est à peu de chose près la même technique que le piquetage. La seule différence réside dans le martelage total de la figure. Les cupules sont profondes quand le trait est large. Elles sont superficielles quand le trait de la figure est fin (Les cupules sont obtenues par martelages successifs sur le cortex de la roche. Leurs formes évoluent selon la forme que prennent les cupules. Les cupules peuvent être espacées, jointives ou superposées). Enfin, le trait incisé est souvent fin, parfois superficiel et peu profond.

CHRONOLOGIE DES FIGURATIONS

Les figures atlasiques sont très variées. Si pour les figures de la période ancienne, la problématique est chronologique, pour celles de la période récente, elle est thématique. Les figurations d'armes suffisent pour situer une chronologie relative.

Les fouilles préhistoriques dans la région atlasique ne sont pas nombreuses. Nous avons constaté des restes de foyers et la présence d'une abondante industrie lithique associés parfois aux roches gravées. R. Vaufrey (1939) signale les difficultés de différencier chronologiquement les gravures. Lhote est parmi ceux qui ont proposé un découpage chronologique de l'art atlasique. Une proposition que nous avons retenu pour notre étude.

Nous avons repris l'ensemble des travaux sur l'art atlasique et nous nous sommes intéressé aux figures

---

La présence des armes est significative. Elle nous donne un indice chronologique important mais soulève en même temps le problème de la présence d'un âge du métal dans l'Atlas saharien. Cinq types d'armes sont énumérés. Nous avons les haches, les boucliers ronds, les poignards, les épées et les pointes. Les figures d'armes se répartissent principalement dans la région des monts des Ksour.

[4] L'état de la gravure détermine l'approche à faire. Les figures anciennes présentent un trait dont la gouttière est assez large. Le trait est souvent poli. Les plus récentes présentent trois principaux traits : piqueté, martelé et incisé. La profondeur du trait est moins importante pour les figures récentes. Le trait est exécuté suivant différentes techniques. Parfois le trait est irrégulier. L'irrégularité est caractérisé par la présence de cupules en dehors du corps de la figure gravée. Certains coups sont portés en dehors du trait qui donne forme à la figure. Certaines gravures se remarquent par la différence dans la profondeur des cupules ou du trait entre le bord et le centre de la gravure.

récentes qui sont de l'âge du métal qui évolue dans un milieu néolithique encore vivant.

Les influences du Néolithique

L'apparition de la métallurgie marquera le début de la période récente. Cette période débutera dans un contexte bovidien. Elle correspond à un néolithique régional tardif qui se maintient malgré l'intervention du métal qui ne fait pas disparaître la pratique des techniques néolithiques. Cette cohabitation des deux techniques marque le prolongement de la préhistoire dans une nouvelle ère. L'absence ou la méconnaissance de l'extraction de la matière première dans la région serait (peut-être) à l'origine du maintien des techniques néolithiques[5].

L'introduction de la métallurgie

L'avènement de la métallurgie en Afrique du Nord peut avoir une origine méditerranéenne (sud de l'Europe) voir même une influence saharienne (le site d'Akjoujt est un centre métallurgique important -N. Lambert 1970). Cet âge des métaux voit grandir une influence ibérique des techniques métallurgiques sur les côtes nord africaines. Ces influences, bien que rares, se retrouvent dans de nombreux sites archéologiques (hache en bronze de Lamoricière, près de Tlemcen, de Columnata, et de Tiaret en Algérie). Elles se manifestent aussi sur les parois rocheuses de l'Atlas (ex. les figures d'armes gravées caractéristiques de l'âge du bronze sont nombreuses dans le Haut Atlas, l'Anti-Atlas marocain (Malhomme 1959 et 1961, Simoneau 1971 et Chénorkian 1988) et dans l'Atlas saharien (Flamand 1925, Vaufrey 1939 et Lhote 1970 et 1984).

Les figurations rupestres et les monuments funéraires

Les monuments funéraires sont nombreux en Afrique du Nord. Par contre, dans les régions atlasiques, leur présence reste modeste à l'exception de la région du Constantinois où leur nombre augmente. Les premiers résultats des fouilles soulignent la pauvreté en mobilier funéraire de ces tombes. Un nombre très réduit d'objets métalliques et quelques poteries ont été retrouvés.

Les fouilles des monuments funéraires sont avéré pauvres en mobiliers funéraires. La nécropole de Djorf Torba (environ de Béchar) a fournie un matériel pauvre. Il se résume à quelques plaques en pierre peinte.

Fouille de Djorf Torba

La fouille commence en 1948-49 avec le capitaine Villalonga dans la région de Kenadsa, à quelques kilomètres de la ville de Béchar, au lieu dit Djorf Torba.

Les fouilles sont reprises et les résultats sont publiés par M. Lihoreau en 1965. Le monument a livré des dalles peintes et gravées[6] déposées au musée Bardo d'Alger. Les plaques en grès ont servi de pierres tombales. L'une d'elles porte quatre figures caballines de bonne facture peintes à l'ocre (figs 5-6). Les plaques sont placées contre les murs. Elles sont décorées à l'ocre et certaines dalles sont gravées.

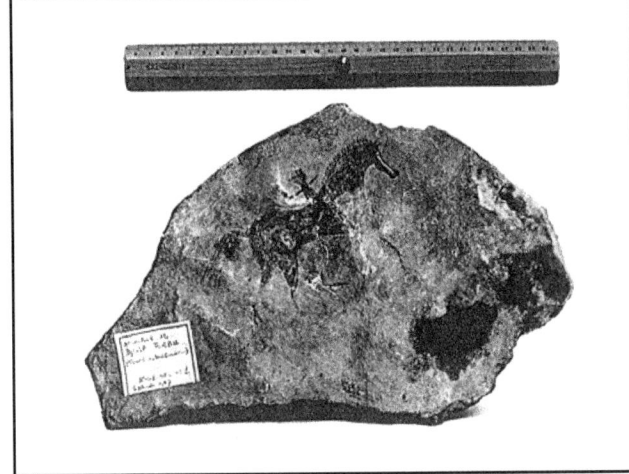

Figure 5. Figures caballines sur plaquette en grès provenant des tumulus de Djorf Torba. Musée Bardo, Alger (fouilles du capitaine Villalonga, d'après M. Reygasse 1950, p. 107).

Figure 6. Figures caballines sur plaquette en grès provenant des tumulus de Djorf Torba. Musée Bardo, Alger (fouilles du capitaine Villalonga, d'après M. Reygasse 1950, p. 107).

Les figures peintes de chevaux sont proches de celles qui ont été gravées dans le sud algérois et dans le Sud oranais. Les caractères morphologiques sont respectés. Le mouvement naturel du cheval est bien rendu. Le style des gravures place ces figures dans une période assez récente. Elles pourraient dater de l'époque de Syphax, roi berbère, qui contrôlait de vastes régions depuis l'ouest du Maghreb jusque dans le Constantinois.

---

[5] Les vestiges d'un âge des métaux ne se limitent pas seulement aux seuls objets métalliques. Il existe aussi des découvertes de vases campaniformes. Des tessons sont découvert dans la grotte de Rhar Oum El Fernand (Saïda), un second, fut reconnu dans les collections du musée d'Oran. Deux poteries proviennent d'une sépulture de Sidi Slimane du Rharb (Souville 1977, p. 561-577).

[6] Les figures représentent 8 chevaux, 3 vaches, 2 veaux, 1 oryx, 1 panthère et 1 inscription libyque et des personnages.

CONCLUSION

Les figurations atlasiques de la période récente donnent les premiers indices chronologiques. Elle facilite la compréhension de l'apport des différents groupes culturels ayant participé à l'élaboration de cette période. Elle donne des éléments sur la répartition des différents thèmes dans la vaste région atlasique.

L'analyse des figurations nous a aidé à distinguer les figures anciennes des récentes. Nous avons compris la répartition des figurations par secteur et par station et établir une classification à l'intérieur de chacun des grands thèmes observés.

Cette étude montre l'influence de la culture néolithique sur les gravures rupestres de la période récente. Les gravures du sud-ouest atlasique, à elles seules, révèlent un courant culturel plus vaste. La région offre des caractères proches de la civilisation de l'Atlas marocain et une influence de type saharien. Il est donc encore trop tôt pour affirmer que l'une ou l'autre de ces cultures ait plus marqué l'Atlas saharien. Seule une prospection entreprise dans des secteurs bien définis de la région atlasique permettra de trancher la question. Dans l'état actuel des recherches, nous pouvons dire que le site est marqué par deux courants culturels : le premier est préhistorique, le second est protohistorique et historique.

Les figurations atlasiques reposent le problème du concept protohistoire. Allons-nous vers sa conservation et sa consolidation comme cadre plus large englobant toutes les figurations qui définissent la période récente (38 % de figures de bovins, de chars, de caballins, de camelins, d'inscriptions et la pauvreté en armes métalliques) ou vers son éclatement en nombreux faciès chronologiques.

Cet art atlasique présente des relations indéniable avec les figurations de l'Atlas marocain et avec celles de la vallée de la Saoura. Nous sommes en présence d'un groupe homogène qui développe un caractère local.

Adresse de l'auteur

Iddir AMARA
16 rue Ginette Neveu
75018 Paris
Mail : idiramara@hotmail.com

Bibliographie

ALIMEN, H., 1954, *La station rupestre de Maromme (Sahara occidental)*. Alger, IRS, Mém. 1, 141 p., 6 pl. ph., 43 fig.

ALIMEN, H., 1955, *Préhistoire de l'Afrique*. 1 vol., 578 p., 155 fig. XI tableaux, XXXIV pl. photos. Ed. Bonbée et cie, Paris.

AMARA, I., 2001, *L'art rupestre dans le sud-ouest de l'Atlas saharien (Algérie) : étude analytique et typologique des figurations de la période récente*. Thèse de doctorat, Paris, Panthéon-Sorbonne Paris I. vol. I et vol. II.

BROSCO, J., et SOLIGNAC, M., 1915, *Nouvelles stations de représentations rupestres de la région du Khroub, (Constantine)*, Rec. des Not. et Mém. de la Soc. du dép. de Constantine, t. XLIX.

CAMPS, G., 1956, La céramique des sépultures berbères de Tiddis. *Libyca*, t.IV, pp. 155-203.

CAMPS, G., 1961, *Aux origines de la Berbérie. Monuments et rites funéraires protohistoriques*. Paris, E.M.G.

CAMPS, G., 1977, Recherches sur les plus anciennes inscriptions libyques de l'Afrique du Nord et du Sahara. *Bin. Arch. C.T.H.S.*, n.s., fasc. 10-11b, pp. 143-166.

CAMPS, G., 1980, *Les Berbères. Aux marges de l'Histoire*. Ed. des Hespérides, Toulouse.

CAMPS, G., 1984, Abizar. *Encyclopédie berbère*. I, Aix-en-Provence. Edisud. p. 84-86.

CAMPS, G., 1986, *Protohistoire de l'Afrique du Nord. Questions de terminologie et de chronologie*. LAPMO, Aix-en-Provence.

CHABOT, J.-B., 1940, *Recueil des inscriptions libyques*. Paris, p.V.

CHAMPERET, G., de, 1847, Souvenirs de l'expédition dans le Sud de la Subdivision de Tlemcen. *Spectateur militaire*, cahiers de Novembre et décembre 1848, Paris, pp. 1-61, 1 carte.

FEVRIER, J., 1948, *Histoire de l'écriture*. Paris, pp. 324 et 326.

FLAMAND, G.B.M., 1892, Notes sur les stations nouvelles ou peu connues de Pierres écrites (Hadjra Maktouba) dessins et inscriptions rupestres du sud-oranais. *Anthropologie* t.III, pp. 145-156.

FLAMAND, G.B.M., 1921, *Les pierres écrites (Hadjret Maktouba). Gravures et inscriptions rupestres du Nord-Africain*. Paris, Masson, 434 p.

FROBENIUS, L., et OBERMAIER, H., 1925, *Hadschra Maktuba, urzeitliche felsbilder*, Kurt-Wolff werlog München.

GALAND, L., 1979, *Langue et littérature berbères : vingt cinq ans d'études*. Paris, CNRS, 205 p.

HACHID, M., 1992, *Les pierres écrites de l'Atlas saharien. El-Hadjra El-Maktouba*. Ed. ENAG, vol. I et II.

HACHID, M., 2000, *Les premiers berbères. Entre Méditerranée, Tassili et Nil*. Ed. Ina-yas. Edisud. 317 p.

LAPORTE, J.-P., 1991, Datation des stèles libyques figurées de grande Kabylie. *L'Africa romana*. Atti del IX convegno di studio Nuoro, 13-15 dicembre. pp. 389-423.

LEFEBVRE, G. et L., 1967, *Corpus des gravures et peintures rupestres de la région de Constantine*. CRAPE, Mem. 7, A.M.G., Paris.

LE QUELLEC, J. L., 1998, *Art rupestre et préhistoire du Sahara*. Ed. Payot, 616 p.

LHOTE, H., 1970, *Les gravures rupestres du Sud-Oranais*. C.R.A.P.E., Mém. 16, Paris, 210 p.

LHOTE, H., 1984, *Les gravures rupestres de l'Atlas-saharien : Monts des Ouled Nails et la région de Djelfa*. Alger, Off. Parc Nat. du Tassili, 291 p.

MALHOMME, J., 1961, *Corpus des gravures rupestres du grand Atlas*. Pub Serv. Ant. Maroc, 2 vol. (1959-1961), fasc. 13-14.

MONOD, Th., 1931, Gravures et inscriptions rupestres du Sahara occidental. Renseignements pratiques et inventaire. *Bull. du Com. d'Et hist. et scient. de l'Afrique occidentale Française*, janv. juin, Paris, pp. 155-178, 6 fig., 1 carte, bibliogr., 2 pl., inventaire 7 p.

OBERMAIER, H., 1931, L'âge de l'art rupestre nord-africain. *Anthropologie* t. XLI, pp. 65-74.

REYGASSE, R., 1931, Les Ages de la pierre dans l'Afrique du Nord (Algérie). *Histoire et historiens de l'Afrique (1830-1930), collection du centenaire de l'Algérie*, IV, Archéologie et Histoire.

SOLIGNAC, M., 1928, *Les pierres écrites de la Berbérie orientale (Est Constantinois et Tunisie)*. Tunis, Berlier. 164 p., 1 carte, 69 fig., 3 tabl.

VAUFREY, R., 1939, *L'art rupestre nord-africain*. Arch.I.P.H., 20, 127 p.

TAOUARDEI: THE MAP OF A CULTURE

Giulio CALEGARI

Resumé : Taouardei (Gao, Mali) est une localité riche en pièces archéologiques, du Paléolithique inférieur au Néolithique, jusqu'à des gravures rupestres attribuées à des populations paléotouareg. Des observations sur l'utilisation des espaces naturels de Taouardei, par les nomades actuels, nous ont permis de reconnaître certains points qui semblent indiquer la carte d'un territoire symbolico-fonctionnel. Des puits, des remises, des parcours, des gravures rupestres, des tombes et des cimetières, une mosquée, un lithophone et d'autres endroits, riches en valeur indiquent Taouardei comme un lieu d'identité culturelle : Taouardei se situe ainsi comme un «village invisible» prêt à prendre vie quand, au cours de leurs itinéraires, les nomades viennent le fréquenter.

Abstract: Taouardei (Gao, Mali) is a place rich in archaeological documents, since the inferior Paleolithic age till the Neolithic age, including rock engravings attributed to Paleo-Tuareg populations. Observations on the use of natural spaces in Taouardei by present nomads, have allowed us to identify some issues that seem to indicate the map of a symbolic-functional territory. Wells, storerooms, routes, rock engravings, tombs and cemeteries, a mosque, a lithophone and other very meaningful corners connote Taouardei as a place with marked cultural identity. Thus, Taouardei sets itself as an "invisible village", a ghost village ready to become alive when nomads come to attend it in the course of their journey.

From 1983 to 1990, Taouardei site(Gao, Mali) has been object of a series of research campaigns by Centro Studi Archeologia Africana and by Museo Civico di Storia Naturale in Milan. The observations on the ground and the excavation assays have allowed to catch different moments of the human presence in Taouardei from the inferior Paleolithic age to the Neolithic age, until the presence of Berber speaking peoples. Researches have allowed to identify and study the several rock engravings attributed to Paleo-Tuareg populations. Such engravings, due to their meaning, represent a passing and continuity moment towards expressions and culture of the present Tuareg people. (Pic. 1)

A series of considerations of ethnological-archaeological kind and a deep observation of the site allowed us to perceive in Taouardei an organized symbolic-functional place, where it is possible to draw the map of what I deem we can define "cultural identity place". It is a meeting point, full of history and archaeological evidences that, when seasonally attended by the Tuareg people, it reveals itself as a sort of "invisible" village, where however we can distinguish practice rooms and historical, mythical and symbolic reference places. I shall indicate the main elements allowing to reveal this map. The wells (Pic. 1, A) making Taouardei a water supply reference point for all nomads before going back to their camps some kilometers

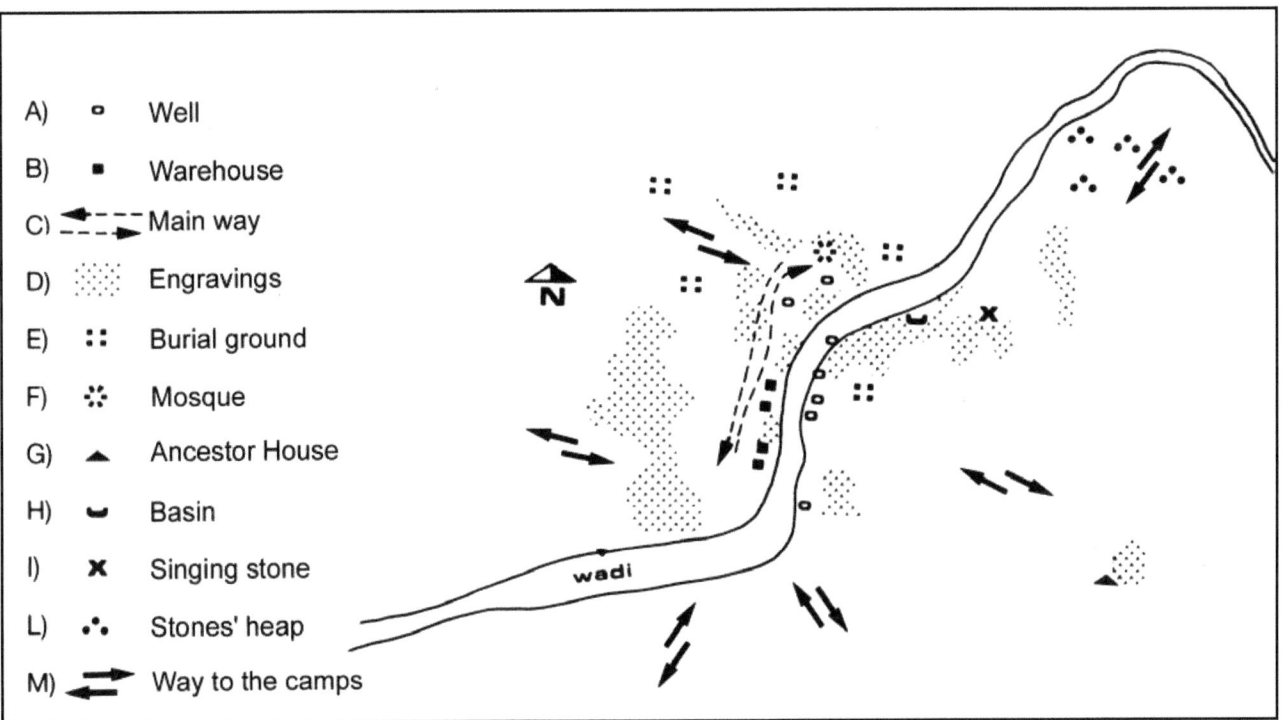

Picture 1. The Touardei's map.

away. The warehouses (Pic. 1, B) obtained among rocks (in ravines or shelters) where it is possible to put away tools, ropes, bowls, etc., today abreast to some simple earthen buildings. Routes (Pic. 1, C): places of stopover or passing, meeting points or collective and exchange rooms, determined or suggested by the geologic architecture of the site. Rock engravings (Pic. 1, D) characterizing the place and marking the rooms, setting themselves as contact point between the present and the past. Burial ground (Pic. 1, E) (ancient Islamic ones) of important persons; cemeterial areas still used and the mosque (Pic. 1, F) (circular area bounded by stones). Other elements of our map are readable inside more ancient reference items. An isolated group of huge rocks, where traces of ancient human presence abound, has been indicated to us as "house of the ancestors" (Pic. 1, G), while a large basin-shaped (Pic. 1, H) cavity, presumably natural, on the top of a rock, constitutes a bowl where the rainwater is gathered. We cannot help from comparing the toponym with the Tuareg term "tawarde", literally meaning "natural hollow in the rock where water is gathered". Another important connotation element is a big lithophone (Pic. 1, I), made of a granite slab detached from the wall, naturally set in such a position to let out, when beaten, and intense sound. Traces of wear indicate its long time use. And then, important elements of our map are the stone heaps (Pic. 1, L), set down or thrown on the top of some particular rocks on the North-East limit of the granite complex of Taouardei. It is about an ancient propitiatory practice consisting in the leaving to the launch of a stone, thrown into a precise point, a vote, before facing an enterprise, a trip.

The identification of this "invisible village", expression of a organized symbolic-functional territory, where a first glance could only detect a place rich in archaeological evidences, attended by the Tuareg people because of wells, suggests new stimuli to the research. A dynamic vision of the world on behalf of nomad peoples does not prevent them from fixing on the territory some places of cultural identity which become alive or remain "on hold" according to the periodic presences or absences. They are corners of the territory where place, myth, art merge with the tangible reality of history, but to be seized they need the mediation of a symbolic language, rich in connections and analogies, where opposites get near and where presence and absence are one and the same.

Author's address

Giulio CALEGARI
Centro Studi Archeologia Africana,
Museo Civico di Storia Naturale di Milano,
C.so Venezia, 55 – 20121 Milano
ITALIA

Picture 2. One of the wells

Bibliography

BELTRAMI, V., 1988, Repertorio dei siti archeologici e di arte parietale dell'Iforas e della valle del Tilemsi (Repubblica del Mali). *Africa* 43, p. 457-475.

CAMPS, G., 1966, *Les civilisations préhistoriques de l'Afrique du Nord e du Sahara*, Paris, Doin.

CALEGARI, G., 1989, *Le incisioni rupestri di Touardei (Gao, Mali). Problematica generale e repertorio iconografico*. Milano: Memorie Soc. Ital. Sci. Nat. Museo Civ. Stor. Nat.

CALEGARI, G, SOLDINI, G., 1993, Punti d'acqua ed invenzione del territorio. In *La religione della sete – l'uomo e l'acqua nel Sahara*, Milano, Centro Studi Archeologia Africana, p. 77-92.

LHOTE, H., 1952, Gravures, peintures et inscriptions rupestres du Kaouar, de l'Air et de l'Adrar des Iforas. *Bulletin de l'I.F.A.N.* 14, p. 1268-1340.

Picture 3. An example of the rock engravings

Picture 4. The burial ground

Picture 5. Mosque

Picture 6. The stones' heaps

PETITE HISTOIRE D'UN CRAYON D'OCRE À L'EST DES EAUX FRAICHES : CHASSEURS-GRAVEURS ET PASTEURS-PEINTRES OU PEINTRES-CHASSEURS ET GRAVEURS-PASTEURS ?

Karl Heinz STRIEDTER & Michel TAUVERON

Résumé : Dans la Tadrart algérienne, région d'Aman Smerdnin, le plafond orné d'un abri bas a montré un état de conservation permettant l'identification d'une technique originale de réalisation des oeuvres rupestres et différents stades de sa conservation. Les sujets d'abord tracés à l'aide d'un " crayon " d'ocre dur ont ensuite été peints, pour les contours comme pour les aplats. Le vieillissement des œuvres montre que la peinture disparaît la première, puis le dépôt d'ocre, laissant alors un trait finement gravé plus clair que le support : à ce stade, la figure pourrait être interprétée comme une gravure d'exécution récente puisque non patinée. En l'absence de composition, ni les sujets représentés sur ce plafond (faune sauvage ou éventuellement domestique et personnages), ni leur style, ne permettent d'attribuer ces œuvres à des populations de chasseurs plutôt que de pasteurs.

Outre la confirmation de l'existence, qui fut discutée, de " gravures peintes " signalée par H. Lhote dans le Tassili n'Ajjer, ce site suggère une réflexion sur les gravures " fines " repérées dans la Tadrart et les massifs gréseux environnants. Toujours localement de thèmes et styles identiques aux œuvres exécutées par d'autres techniques, qu'il s'agisse de peintures ou de gravures et quelles que soient les périodes reconnues, elles pourraient être considérées comme des tracés réalisés au crayon d'ocre, préservés de la patine jusqu'à disparition du dépôt laissé par celui-ci.

Abstract: In the region of Aman Smerdnin, southern Algerian Tadrart, the ornate ceiling of a low shelter is in a sufficient state of preservation to permit an original technique in rock carving to be identified, as well as different stages of its conservation. Subjects initially traced with the aid of a hard ochre 'pencil' have subsequently been painted, the contours as well as the flat surfaces. The ageing of the works shows that the painting disappears first, followed by the ochre deposit, leaving a finely engraved trace that is clearer than the support: at this stage, the figure might be interpreted as a recently executed engraving, since it is not patinated. In the absence of compositions, neither the subjects represented on the ceiling (a wild or possibly domesticated faun and people), nor their style permit the attribution of these works to hunting populations rather than pastoralists.

Apart from confirming the existence, which has been discussed, of the 'painted engravings' referred to by H. Lhote in the Tassili n'Ajjer, this site suggests a reflection on the 'fine' engravings discovered in the Tadrart and the surrounding sandstone massifs. Always locally of themes and styles identical to works executed using other techniques, whether paintings or engravings, and whatever the periods that are recognised, they can be regarded as the traces made out in ochre pencil, preserved of patina, until the deposit left by the pencil had disappeared.

Lors de la prospection de la région d'Aman Smerdnin[1], à l'est de celle-ci, peu au nord du poste d'In Ezzan, dans le sud de la Tadrart algérienne (v. Carte), fut retrouvé un abri bas, au plafond décoré et montrant des vestiges d'occupation néolithique au sol (Fig. 1).

De prime abord, le plafond semble orné essentiellement de gravures, souvent à peine lisibles (Fig. 2), le trait étant extrêmement fin, submillimétrique, tant en largeur qu'en profondeur, et ne montrant pratiquement aucune patine (Fig. 3). En fait, plusieurs figures montrent différents stades de conservation, certaines étant encore en assez bon état pour permettre l'identification de leur technique d'exécution. Il est ainsi apparu que ces gravures étaient, à l'origine, de simples tracés réalisés à l'aide d'un " crayon " d'ocre rouge, très dur (hématite), qui, fortement appuyé sur la roche, la raye profondément et laisse en même temps un dépôt coloré dans cette fine entaille (Fig. 4). Certains sujets, au moins, ont ensuite été peints, pour les contours comme pour les aplats (Fig. 5), voire même repris postérieurement (v. trompe de l'éléphant, Fig. 5). La conservation différentielle des figures montre que la peinture disparaît la première (Fig. 6). Le dépôt d'ocre s'estompe ensuite en partie ou s'efface par places, puis disparaît totalement, laissant un trait finement gravé plus clair que le support (Fig. 7). Ainsi, à ce stade de sa conservation, la figure pourrait être interprétée, en l'absence de toute patine, comme une œuvre d'exécution récente.

Ainsi, ce site permet de confirmer l'existence, parfois discutée, de " gravures peintes " signalée par H. Lhote à Jabbaren, dans le Tassili n'Ajjer (Lhote, 1958, Abb. 40 et 41) et qu'il attribuait, là, à la période bovidienne. De telles gravures peintes avaient d'ailleurs été retrouvées dans les Tassili wan Ahaggar lors de travaux d'inventaire d'urgence sur des circuits touristiques (missions GDR848 CNRS / OPNA, 1990), mais n'avaient pas pu, alors, être relevées. Pour la période bubaline, le cas de gravures peintes a également été évoqué dans l'Atlas saharien, ainsi que l'a récemment rappelé G. Aumassip (1993).

Les œuvres de cet abri d'Aman Smerdnin suggèrent également une réflexion sur les gravures fines, de type

---

[1] Programme de pré-inventaire de la Tadrart algérienne Office du Parc National du Tassili (Djanet), Centre National de Recherches Préhistoriques Anthropologiques et Historiques (Alger) et Institut Frobenius (Francfort) ; Aman Smerdnin signifie littéralement " eaux fraîches ".

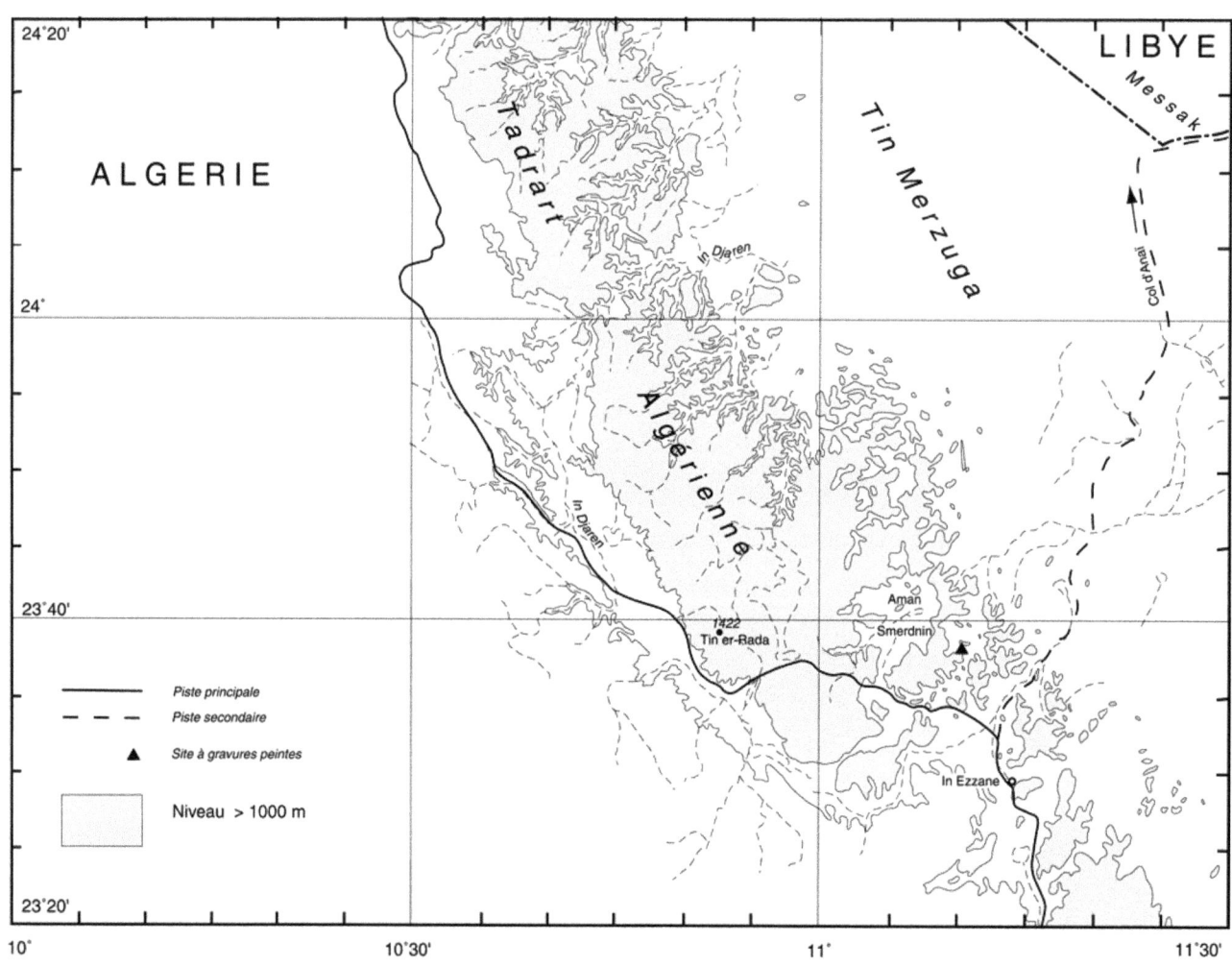

Carte 1. La Tadrart algérienne avec le site rupestre à gravures peintes.

" graffiti ", repérées dans la Tadrart et les massifs gréseux environnants (Striedter, 1993 ; Striedter et al., 1992, 1995 ; Vernet & Striedter, 1992). Ces dernières s'avèrent toujours de thèmes et styles identiques aux œuvres exécutées, dans les mêmes lieux, par d'autres techniques (peinture ou gravure) et quelles que soient les périodes reconnues. Les dimensions sont également comparables, même si les " graffiti " n'atteignent jamais la taille des plus grandes gravures et voient leur envergure plafonner autour du mètre (Fig. 8, 9). Leur patine apparaît, le plus souvent, hétérogène, y compris dans le cas de gravures clairement contemporaines réalisées sur une même paroi, dans les conditions de gisement les plus homogènes. Ce dernier phénomène s'explique fort bien si l'on admet que ces tracés furent réalisés au crayon d'ocre : sans tenir compte des œuvres montrant des restes de peinture, l'abri d'Aman Smerdnin montre un tel phénomène de vieillissement différentiel des traits au crayon d'ocre, y compris sur une même gravure, dans les conditions de gisement les plus homogènes possibles.

Au Djado, où les identités stylistiques permettent de rattacher sans ambiguïté ces " graffiti " aux différents ensembles rupestres reconnus, on constate que cette technique fut employée au sein de chacun d'eux, des plus anciennes gravures de chasseurs jusqu'à la période

caméline, et l'on serait tenté de les interpréter comme des tracés préliminaires, des esquisses, restés inachevés, bien que l'on note peu d'hésitation dans le trait, presque toujours unique, à sa place dès le premier jet. A Aman Smerdnin, il faudrait admettre que la totalité des tracés ainsi réalisés aient été destinés à être peints, hypothèse que nous ne saurions infirmer ni confirmer compte tenu des données disponibles.

Dans ce dernier site, compte tenu des thèmes figurés et du dessin, très réaliste, il est exclu d'attribuer ces oeuvres aux périodes récentes de l'art rupestre saharien, caméline ou caballine. Parmi les sujets représentés sur ce plafond, aucun n'est franchement favorable à une attribution à une culture de pasteurs plutôt que de chasseurs : la faune sauvage, qui domine, ne saurait être un critère discriminant ; les bœufs (deux seulement) ne montrent aucun attribut clair de domesticité, même si leur allure générale pourrait la suggérer (Fig. 10) les personnages proposent également un caractère ambigu, puisque, bien que munis d'arcs, ils ne montrent pas la précision des œuvres bovidiennes et sont même les moins réalistes des sujets dessinés ici (Fig. 11, 12, 13). L'absence de toute composition militerait plutôt en faveur d'une attribution à une culture de chasseurs, mais ce seul critère reste, à notre avis, insuffisant. Le contexte local n'aide pas vraiment : les groupes rupestres anciens bien identifiés dans cette zone, Kel Essuf, Têtes Rondes et groupe ancien d'influence fezzanaise (Ferhat *et al.*, 2000 ; Striedter & Tauveron, 2000, 2004), ne montrent rien de comparable ; quelques gravures isolées pourraient aussi être attribuées à la période bubaline, mais nous ne disposons pas encore de données stylstiques assez fiables pour les regrouper dans un même ensemble, ni les comparer valablement aux œuvres de l'abri. Les groupes récents sont, quant à eux, fort peu représentés : un abri à peintures bovidiennes anciennes, quelques gravures de bœufs clairement domestiques de même période, montrent des ressemblances dans leur forme générale (silhouette, proportions, dynamisme, rendu du cornage...) avec les bœufs de l'abri ; au contraire, un groupe de gravures pastorales d'influence fezzanaise s'en démarque nettement. Au sol de l'abri, le contexte archéologique de surface est néolithique, comporte effectivement quelques fragments d'ocre ayant pu servir de crayon, et renverrait plutôt au Bovidien, mais, en l'absence de tout sondage, nous ne saurions dire s'il présente une séquence stratigraphique ni être affirmatif quant à son éventuelle homogénéité culturelle.

Chasseurs ou pasteurs, il est donc difficile de trancher ici, mais la combinaison des techniques de gravure et peinture ne fait aucun doute. Même si, dans une ultime hypothèse, on peut envisager le passage successif de chasseurs-graveurs, puis de pasteurs-peintres reprenant les oeuvres originales de l'abri, il en résulte bien des gravures-peintes. Par contre, si la technique du tracé au crayon d'ocre permet d'éclaircir la question des patines hétérogènes des gravures de type " graffiti " dans les régions voisines, rien n'indique qu'il s'agisse seulement d'une technique d'esquisse, normalement suivie de peinture ou gravure profonde.

Authors' addresses

Karl Heinz STRIEDTER & Michel TAUVERON
Frobenius Institut,
Grüncburgplatz 1,
D-60323 Frankfurt am Main

Bibliographie

AUMASSIP, G., 1993, Chronologies de l'art rupestre saharien et nord africain. Calvisson.

FERHAT, N., STRIEDTER, K.H. & TAUVERON, M., 2000, Les Kel Essuf : un nouveau faciès de l'art rupestre du Sahara central – The Kel Essuf : a new facies of central Saharian rock art. In Comptes Rendus de l'Académie des Sciences, Paris, 330, p. 577-580.

LHOTE, H., 1958, Die Felsbilder der Sahara. Entdeckung einer 8000jährigen Kultur. Würzburg, Wien.

STRIEDTER K.H. & TAUVERON M., 2000 (sous presse), The most ancient petroglyphs of the central Sahara? Publications of the Third AURA Congress, Alice Springs.

STRIEDTER K.H., TAUVERON M., 2004 (sous presse), Traces de l'art rupestre fezzanais dans la Tadrart algérienne. Actes du XIVème Congrès de l'UISPP, Liège septembre 2001.

STRIEDTER, K.H., 1993, Recherches récentes au Plateau du Djado. Paléoenvironnement, préhistoire et art rupestre. In La Religione della Sete. L'Uomo e l'Acqua nel Sahara. Milano, p. 63-75.

STRIEDTER, K.H.; VERNET, R.; FERHAT, N., OUMAROU, A.I. & TAUVERON, M., 1992, Quartäre Depressionen am Südrand der Monts Totomaye, Djado-Plateau, Nordost-Niger: Paläoumwelt und Vorgeschichte. In Paideuma, 38, p. 109-141.

STRIEDTER, K.H., VERNET, R., FERHAT, N., OUMAROU, A.I. & TAUVERON, M., 1995, Prähistorische und Paläökologische Forschungen im Djado-Plateau, Nordost-Niger. In Beiträge zur Allgemeinen und Vergleichenden Archäologie, 15, p. 49-84.

VERNET, R. & STRIEDTER, K. H., 1992, La place du Djado dans le Sahara central: hommes et climats à l'holocène. Geowissenschaftliche Untersuchungen in Afrika II. In Würzburger Geographische Arbeiten, 84, p. 201-233.

Figure 1. Le site rupestre.

Figure 2. Plafond de l'abri avec des gravures à peine lisibles.

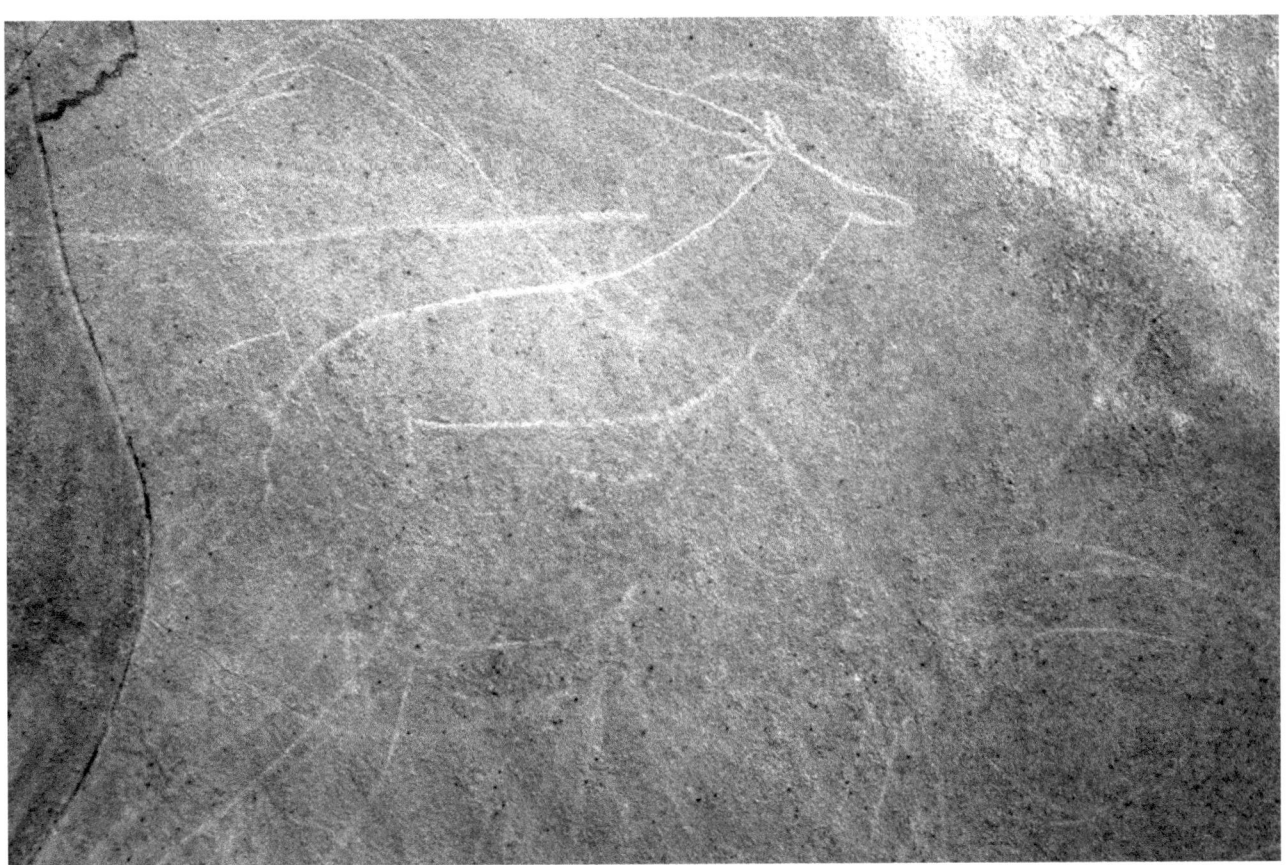

Figure 3. Antilope couchée, 20 cm.

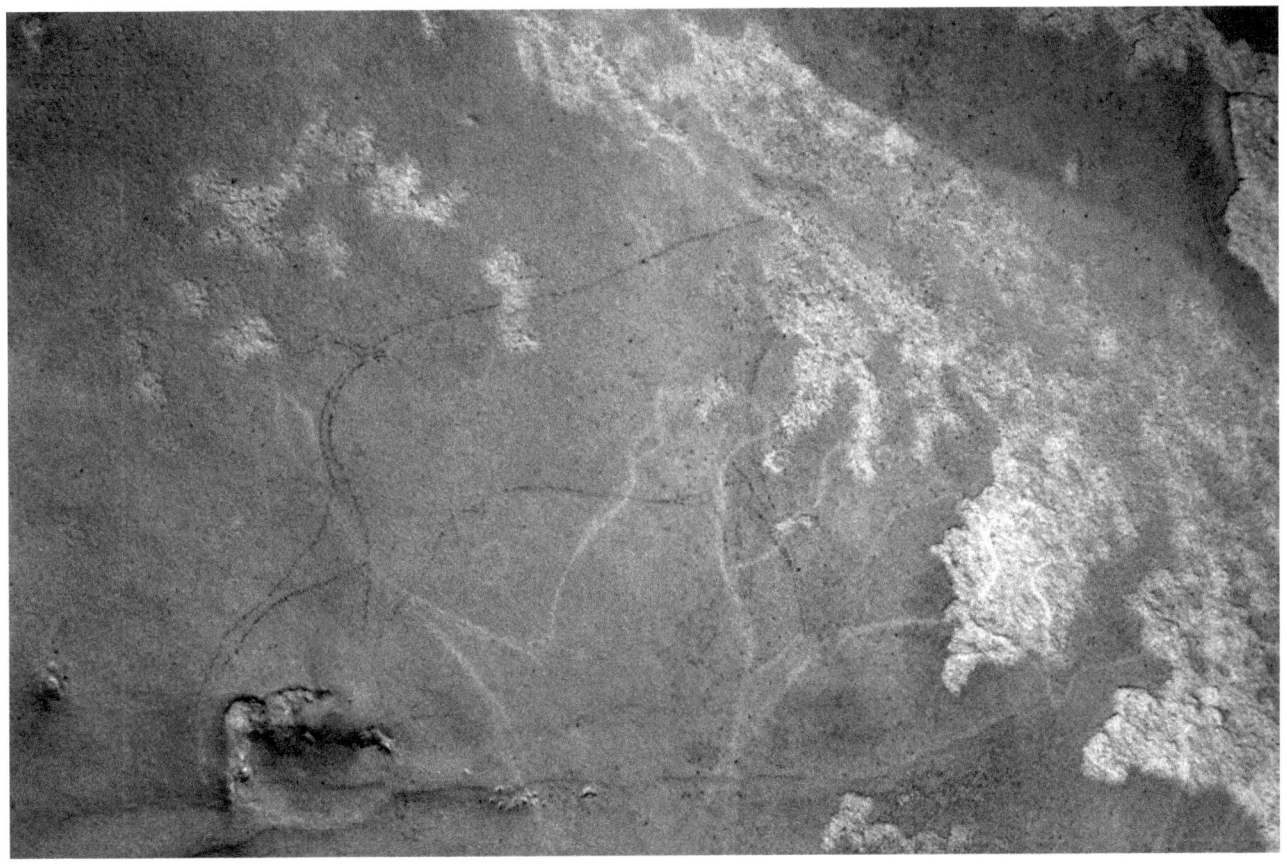

Figure 4. Bovidé (?), 31 cm.

Figure 5. Eléphant, 39 cm.

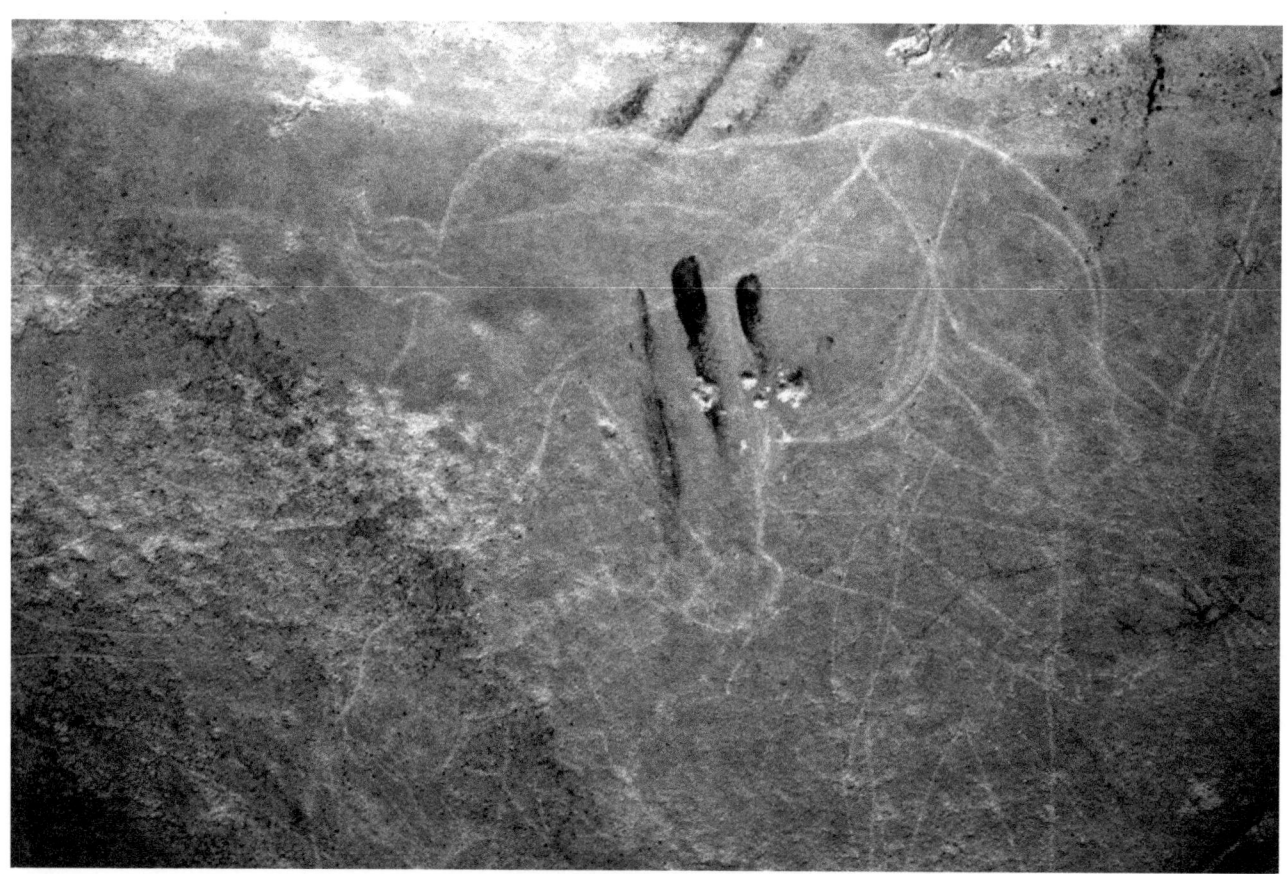

Figure 6. Rhinocéros, 40 cm.

Figure 7. Gazelle (?) couchée, 8,5 cm.

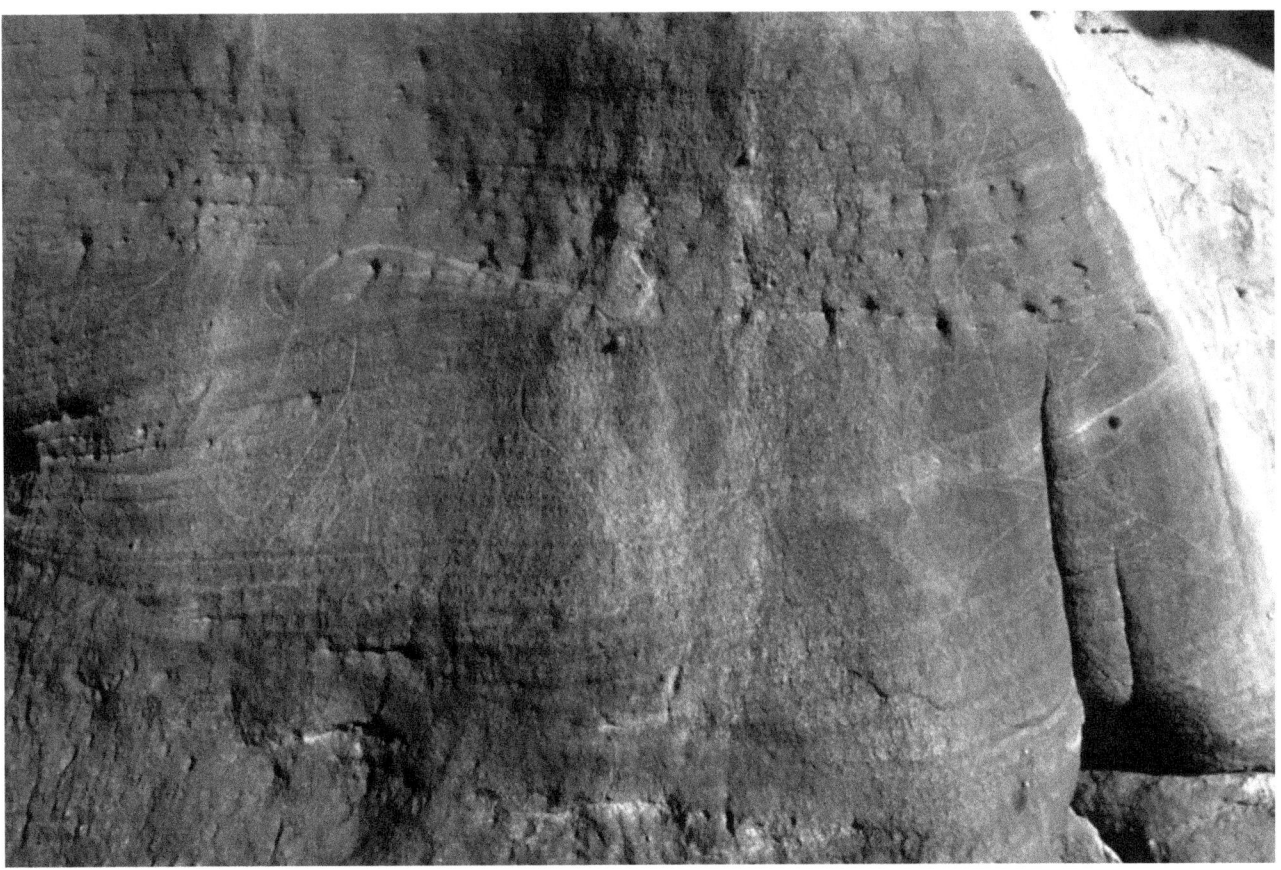

Figure 8. Yentas (Plateau du Djado) : Rhinocéros, 52 cm, gravure fine, derrière celui-ci personnage au trait très fin, à peine lisible.

Figure 9. Yentas (Plateau du Djado) : Rhinocéros, 80 cm, profondément incisé.

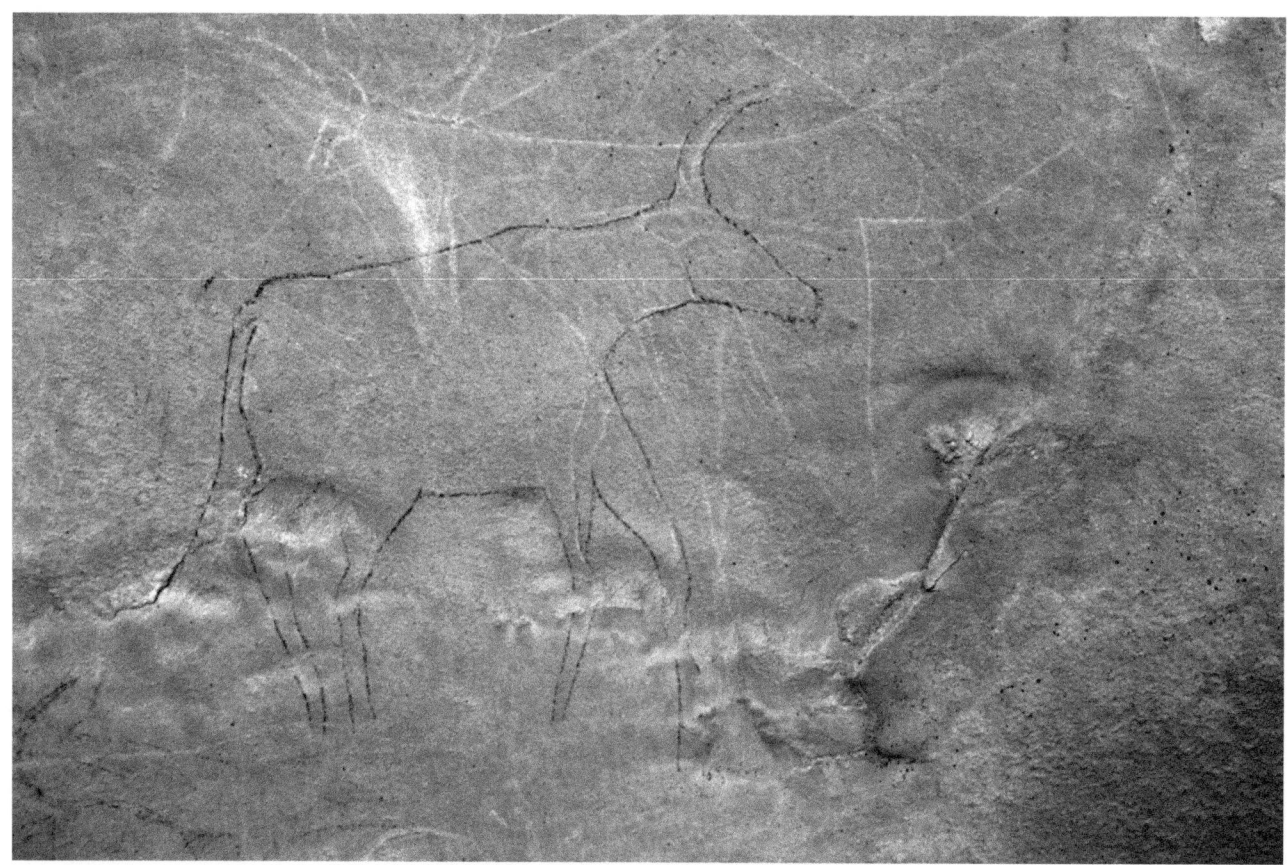

Figure 10. Bovidé, 30 cm, restes d'autres gravures.

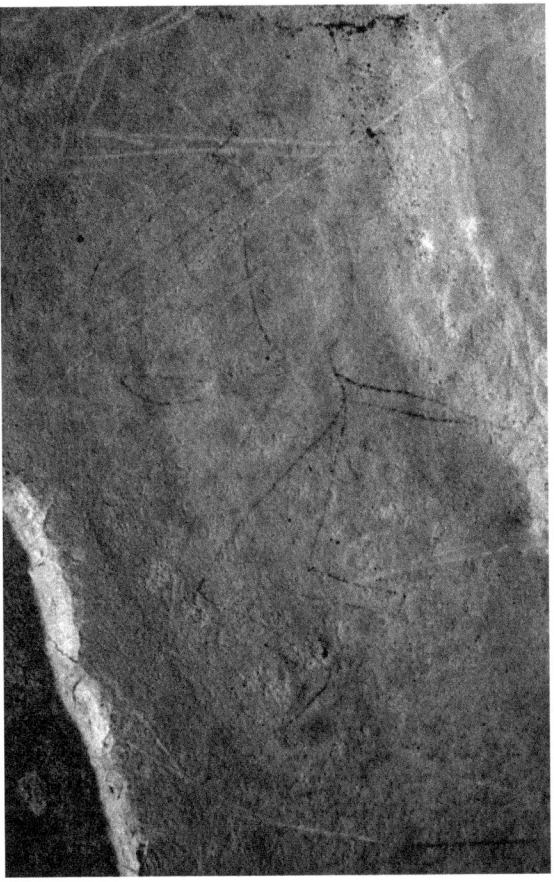

Figure 11. Personnage, 25,5 cm.

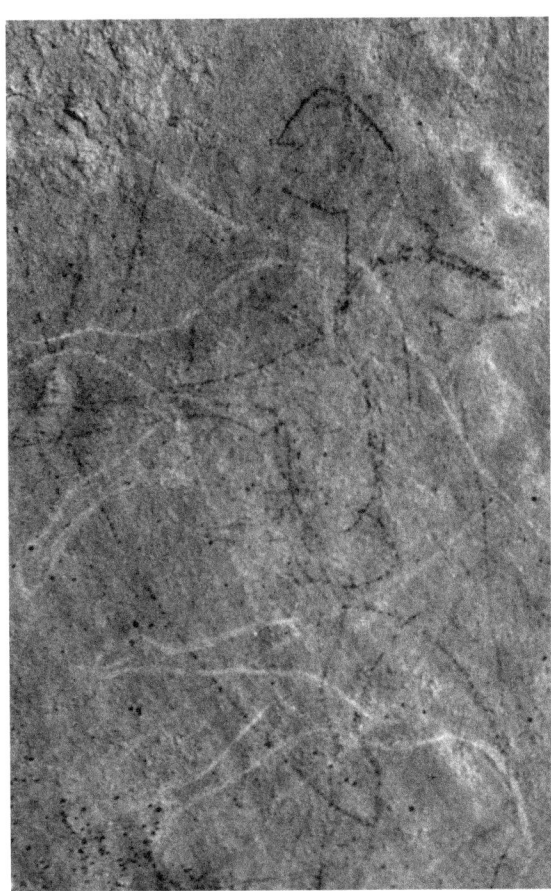

Figure 12. Détail d'un personnage de 30 cm environ.

Figure 13. Personnage en position foetale (?), 11 cm.

CREATING A LANDSCAPE FOR SAHARAN PASTORAL ARCHAEOLOGY

Andrew B. SMITH

Abstract: Pastoralists are connected to their exploitation territories through ritual and ceremonies. These are remembered through oral traditions, and passed on down the generations. Paths link named places in the environment, and it is suggested here that the later 'bovidian' rock art of the Tassili n'Ajjer should be seen as mnemonics, not only for ritual, but as connecting points for stories and beliefs. Along with funerary monuments, the rock art would constitute human-made cultural points in the landscape during the Late Pastoral period, c. 4000-3000 BP. It is further suggested that, contrary to previous assumptions, some aspects of the 'bovidian' rock art can be 'read' through modern ethnographic analogy of pre-Islamic beliefs.

INTRODUCTION

In 1989 Holl attempted to raise awareness among archaeologists that it was time to lift Saharan studies out of the empirical, descriptive chronological and cultural paradigm, and to be more anthropological in interpretation. Although Hampaté Ba & Dieterlen (1966) and Lhote (1966) tried to give an ethnographic interpretation of the rock art from the Tassili n'Ajjer, this has become ignored by researchers, particularly after Vansina's (1984, p. 108) less than helpful critique, where he stated: "...so many centuries separate the Fulani of c. AD1900 from the scenes dating earlier than 2000 BC that the one cannot shed light on the other... It means that historians will learn less from Saharan paintings than than they once hoped for". Since Holl's call for new approaches to Saharan studies there has been little response from rock art researchers, which has meant the sub-discipline has been sidelined, and resulted in Saharan rock art being totally ignored in Chippendale & Taçon's (1998) book on world parietal art.

It is only with Holl's own work (Holl, 1994; Holl & Dueppen, 1999) that new innovative ideas about the meaning of Saharan art during the bovidian period is attempted, and where an awareness of the place of the art within the wider landscape of social activities is laid out. Holl & Dueppen (1999) note that people and culture are intricately interwoven into their environment in a broad physical, psychological and spiritual sense. They state (*ibid.*, p. 24) : "Pastoral-nomadic territories are not self-contained and bounded large spatial units, but mainly networks of places (water places, streams, grazing lands, shrubs, groups of trees, meeting places, religious places, etc.) selected according to their potential and effective resources, social, ritual and symbolic importance in the actual cultural landscape". They suggest that the paintings used for their discussion from Iheren in the Tassili n'Ajjer were 'territorial markers' where "inter-group social relations may have been maintained and re-enacted on a cyclical calendar" (*ibid.*, p. 23). I would go even further and suggest the paintings were mnemonics for a cognitive system where they were linked by paths, each panel being connected to another to form a larger accumulative whole.

Pastoral people of the Southern Sahara today move seasonally across the landscape in a regular pattern (Smith S.E., 1980; Smith, 1984). This is not a random movement, but the herders follow paths that have existed for centuries. While transhumance has to allow for changes in environmental and political pressures (see Stenning, 1959), there is a general pattern that can be recognised over time. Every member of the group knows the name for places, which are built into the oral traditions.

The environment thus constitutes, not just a place where resources can be found and exploited, but where people play out their social and ritual lives. "Through an act of naming and through the development of human and mythological associations...places become invested with meaning and significance... (and)... create shared existential space out of a blank environment...By the process of naming places and things they become captured in social discourses and act as mnemonics for the historical action of individuals and groups" (Tilley, 1994, p. 18). Paths become links in a chain of narrative along which goods and ideas pass. Every named point becomes part of historical events, and every member of the group knows the stories situated in the landscape. Places may be imbued with spiritual 'power' where a group's energies may be focussed for ritual purposes.

SAHARAN PASTORAL PREHISTORY

The changing environmental conditions during the mid- to late-Holocene required adaptation and considerable adjustment to their lives by herding people. Di Lernia (1999) has analysed the material from a number of sites in the Acacus Mountains of Southwestern Libya, and has offered a 3-phase chronological framework for the adaptive strategies of pastoralists in the Central Sahara:

1. Early Pastoral (7400-6410 BP)

Suggested as being a period with settlement continuity between the 'Late Acacus' hunter-gatherers and the first herders in the area who mainly concentrated their cattle and small stock herds in the mountains. Pastoral ceramics and lithics were significantly different from hunter cultural material. Environmental conditions were wetter during this period, following the arid conditions experienced by the Terminal Palaeolithic 'Late Acacus' occupation. This allowed high lake levels, and a savanna environment with good grazing for domestic stock.

2. Middle Pastoral (6080-5100 BP)

Following a dry spell which lasted for about four hundred years, this period of rainfall reliability and pastoral stability showed large semi-permanent settlements with cattle in the lowlands around high lake levels. Dry season use of shelters is also recorded in the mountains, where mostly small stock and wild animal bones were recovered. From the diversity of rock art and funerary monuments there may have occurred multi-racial and multi-cultural use of pastoral resources during this period.

Late Pastoral (5100-3500 BP)

General climatic instability with more droughts in this period meant a re-focus of pastoralism around increasing resource scarcity. Penning of small stock in caves in the mountains may reflect a more intensive use of highland pastures, with the lower elevations more transitory. Small stock appear to have dominated the economics, along with a focus on plant exploitation. Large concentrations of funerary monuments occur at this time et El Ajal. By around 4500 BP conditions were close to that of the present (Hassan, 2000). It is within this last period that the later 'bovidian' art, or 'white-face' style of the Tassili n'Ajjer (Smith 1993) probably falls.

READING THE PASTORAL ROCK ART OF THE SAHARA

While most of the work on Saharan rock art has tended to be either chronological descriptive (Muzzolini, 1993 ; Sansoni, 1994 ; Gauthier *et al.*, 1996, etc) or attempts to recognise semiotic referents (Striedter, 1983 ; Hassan, 1993), the detail of the art of the later 'bovidian' period may allow us to ask different questions. Holl (1994) has suggested that the art from Tikadiouine in the Tassili n'Ajjer can be 'read' as stages in the life of a young man as he passes from young lad to elderhood. Another reading, from Holl & Dueppen (1999) is that the panel from Iheren can be broken up into sections that depict the annual herding cycle. Both these attempts at interpretation focus on single panels, but, although they are very innovative they assume that the art can be read by a modern researcher, albeit on an informed ethnographic basis, with the same eyes as the artist.

An alternative approach would be to see if any deep-meaning ritual behaviour might be recognised, and tied in with an ethnographic commentary. The Colombel copies of the paintings from Tassili n'Ajjer (Kuper, 1978) used by Holl, also contain other remarkable depictions. In particular, the 'ritual scene' (Kuper, 1978, p. 426-7, fig. 12) (fig. 1) showing five human figures (four men and one woman) involved in a ceremony with fire, while being observed by two bovids, which appear to be cattle. These animals are striped with a wavy-line decoration. The combination of fire and wavy-line motif suggests there is a connection between them, with the wavy-lines perhaps evoking the flickering of the flames.

This panel is not the only one depicting the 'wavy-line' cattle motif. They also appear in what may be more 'narrative' panels in Kuper (1978, p. 425, fig. 10 ; 431, fig. 15, and possibly 421, fig. 6). While there are several other cattle coat colours indicated in these paintings, the 'wavy-line' motif appears to be the most 'unnnatural'. The closest one can find among modern breeds might be brindled animals.

From the rock art it can be assumed that cattle were central to the economy of the people, at least in an idealistic sense. As pointed out in di Lernia's Late Pastoral period above, small stock tended to dominate the faunal remains, suggesting that the environment was making things difficult for keeping cattle, especially after 4500 BP when conditions approached the present. The importance of cattle to these people is underlined by a number of

Figure 1.

intentional burials, sometimes of complete animals. These are found in Nabta Playa, Egypt (Wendorf & Schild, 1994) and dated to 6470 BP (Paris, 2000, p. 125, note 2), and from Adrar Bous, Niger, dated to 6200 BP (*ibid.*, p. 121) and 4900 BP (Clark *et al.*, 1973). There are also later burials from Chin Tafidet, dated between 3900-3300 BP (Paris, 1984, 1992, 2000). In some cases the bones were intentionally burnt (Paris, 2000, p. 121). A later human grave from Iwelen, dated to 2550 BP, had a cattle mandible associated (*ibid.*, p. 124).

Fire continues to play an important role in modern pastoralist societies of the Sahara, and would appear to be among core beliefs that existed prior to the Arab invasions of North Africa in the 7th century. As Monès (1988, p. 229) says, the Arabs called the local 'fire-worshippers' *madjus*. Among the Tuareg, the endogamous caste which works with metal is known as *Inadan* (blacksmiths) and Rasmussen (1992, p. 106-107) states that: "smiths' control cuts across sacred and secular domains...smiths have access to indirect power through their control of unofficial negotiations surrounding marriage and politics, through their secret language, called *Tenet*, and their allegedly special relationship to the fire *djinns*". She goes on to say that not only do the smiths control the fire *djinns*, but they also embody them. Tuareg smiths practise curing in spirit possession rituals (*ibid.*, p. 112).

There is, of course, a great time difference between the modern Tuareg analogy and the later pastoral rock art of the Sahara, which led to Vansina's (1984, p. 108) critical comments and suggestion that: "We must therefore restrain our labels and commentary to unmistakable objective elements...". If, however, we accept that pre-Islamic ritual and beliefs still exist among Saharan nomads (Tubiana, 1964), this would give a time-depth of at least 1400 years. If desert nomads elsewhere, such as among the early Judean groups of the Negev, can maintain their religion within an oral tradition over thousands of years before being written down, why should the beliefs of Saharan nomads not have a time-depth that goes back at least to the rock art and cattle burials of 4000 years ago?

What few people seem to recognise is how consistent social and cultural patterns have been for thousands of years from Mali to the Nile Valley. Even before pastoralism appeared in the Sahara, cultural connections, seen in pottery decoration and bone harpoons of the ceramic microlithic (Khartoum 'mesolithic') (Arkell, 1949) showed strong similarities with that from the Tenere Desert, Niger (Smith, A.B., 1980). Later similarities between the Khartoum Neolithic (Arkell, 1953) and Tenerian (Smith, A.B., 1980) continue to be seen in pottery motifs. The flat-topped tomb types of the Later Pastoral period in Niger, c. 4500 BP (Paris, 1996) are similar to those in the Nubian Desert, Sudan, containing cattle horns, dating to c. 5000 BP (Sadr *et al.*, 1994).

In addition to the possible time-depth of the cattle rock art is the distribution of decorated cattle paintings / engravings found across the Central Sahara. Not only does this include the Tassili n'Ajjer paintings described above, but they are to be found in Chad (Bailloud, 1997) and across to the Nile Valley (Allard-Huard & Huard, 1983).

In many ways, such wide distribution of cultural connections should really come as no surprise. If we consider the area encompassed by modern Tuareg in Algeria, Mali and Niger, or Fulani across West Africa we have some idea of the few constraints on nomadic contact that existed until the colonial era of the early 20th century.

CONCLUSIONS

The landscape of the Sahara in the Late Pastoral period was shifting as a result of changing climatic conditions resulting in a drier environment which put pressure on nomadic cattle herders. The cattle paintings of the Tassili n'Ajjer are detailed depictions of pastoral life, but are probably more than just strict narratives. If the ritual behaviour suggested in fig 1 can be extrapolated to include modern ethnographic behaviour of spirit possession among fire-specialists of the Tuareg, then we might suggest that there is deep-meaning attached to those paintings depicting 'wavy-line' cattle. The paintings could thus have become mnemonics for ritual belief, and possible metaphors for activities under altered states of consciousness during spirit possession (cf Lewis-Williams, 1981) with the flickering fire and wavy-lines becoming a single potent force. The paintings from Tassili need to be analysed as a group, and not just as individual panels. As pastoralists use paths to connect places, and these enter stories and narratives, it is possible that the paintings constitute a larger whole, and be linked together in the wider ritual landscape.

The Later Pastoral period is also when large human grave concentrations first appear. Cemeteries constitute a space that acquires much greater significance than individual graves (Pardoe, 1988). Among modern Saharan pastoralists, the graves of holy men become places of pilgrimage. This appears to be a practise which pre-dated Islamic intrusion into North Africa, as, for example, the Nasomonians consulted their ancestors about the future by lying on their graves (Camps 1961). The ritual landscape was thus being altered, at a time when more permanent villages appeared in Niger (Paris 1990) around 3500 BP, coinciding with the use of gardens, and probably the beginning of cereal domestication (Amblard 1996).

Author's address

Andrew B. SMITH
Department of Archaeology
University of Cape Town
Rondebosch 7700, South Africa
abs @ beattie.uct.ac.za

Bibliography

ALLARD-HUARD, L. & HUARD, P., 1983, Les gravures rupestres du Sahara et du Nil: II L'ère pastorale. *Études Scientifiques*, Mars-Juin.

AMBLARD, S., 1996, Agricultural evidence and its interpretation on the Dhars Tichitt and Oualata, south-eastern Mauretania. In *Aspects of African Archaeology*, edited by G. Pwiti & R. Soper, Harare, University of Zimbabwe Publications, p. 421-427.

ARKELL, A.J., 1949, *Early Khartoum*. Oxford, Oxford University Press.

ARKELL, A.J., 1953, *Esh Shaheinab*. Oxford, Oxford University Press.

BAILLOUD, G., 1997, *Art Rupestre en Ennedi*. Saint-Maur, Sépia.

CAMPS, G., 1961, *Aux origine de la Berbérie. Monuments et rites funéraires protohistoriques*. Paris, A.M.G.

CHIPPENDALE, C. & TAÇON, P.S.C., 1998, *The Archaeology of Rock Art*. Cambridge, Cambridge University Press.

CLARK, J.D., WILLIAMS, M.A.J. & SMITH, A.B., 1973, The geomorphology and archaeology of Adrar Bous, central Sahara : a preliminary report. *Quaternaria* 17, p. 245-297.

DI LERNIA, S., 1999, Discussing pastoralism. The case of the Acacus and surroundings (Libyan Sahara). *Sahara* 11, p. 7-20.

GAUTHIER, Y., GAUTHIER, C., MOREL, A. & TILLET, T., 1996, *L'Art du Sahara*. Paris, Seuil.

HAMPATÉ BA, A. & DIETERLEN, G., 1966, Les fresques d'époque bovidienne du Tassili n'Ajjer et les traditions des Peul: hypothèse d'interprétation. *Journal de la Société des Africanistes* 36 (1), p. 141-157.

HASSAN, F.A., 1993, Rock art. Cognitive schema and symbolic interpretation: a matter of life and death. In *l'Arte e l'Ambiente del Sahara Preistorico: dati e interpretazioni*, edited by G. Calegari. Milano, Memorie della Società Italiana di Scienze Naturale 26, p. 269-282.

HASSAN, F.A., 2000, Holocene environmental change and the origins and spread of food production. *Adamatu* 1, p. 7-28.

HOLL, A.F.C., 1989, Social issues in Saharan prehistory. *Journal of Anthropological Archaeology* 8, p. 313-354.

HOLL, A.F.C., 1994, Pathways to elderhood. Research on past pastoral iconography: The paintings from Tikadiouine (Tassili-N-Ajjer). *Origini* 18, p. 69-113.

HOLL, A.F.C. & DUEPPEN, S.A., 1999. Iheren I: Research on Tassilian pastoral iconography. *Sahara* 11, p. 21-34.

KUPER, R., 1978, *Sahara: 10.000 Jahre zwischen Weide und Wüste*. Köln, Museen der Stadt.

LEWIS-WILLIAMS, J.D., 1981, *Believing and Seeing: Symbolic Meanings in Southern San Rock Paintings*. London, Academic Press.

LHOTE, H., 1966, Les peintures pariétales d'époque bovidienne du Tassili: éléments sur la magie et la religion. *Journal de la Société des Africanistes* 36 (1), p. 9-27.

MONÈS, H., 1988, The conquest of North Africa and Berber resistance. In *UNESCO General History of Africa III*, edited by M. El Fasi & I. Hrbek. London, Heinemann.

MUZZOLINI, A., 1993, Chronologie raisonnée des diverses écoles d'art rupestre du Sahara central. In *l'Arte e l'Ambiente del Sahara Preistorico : dati e interpretazioni*, edited by G. Calegari. Milano, Memorie della Società Italiana di Scienze Naturale 26, p. 387-397.

PARDOE, C., 1988, The cemetery as symbol. The distribution of prehistoric Aboriginal burial grounds in southeastern Australia. *Archaeology in Oceania* 23 (1), p. 1-16.

PARIS, F., 1984, La Région d'In Gall-Tegidda n-Tesemt (Niger): Programme Archéologique d'Urgence III. Les Sépultures du Néolithique final à l'Islam. *Études nigériennes* 50.

PARIS, F., 1990, Les sépultures monumentales d'Iwelen (Niger). *Journal de la Société des Africanistes* 60, p. 47-74.

PARIS, F., 1992, Chin Tafidet village néolithique. *Journal de la Société des Africanistes* 62, p. 33-53.

PARIS, F., 1996, *Les sépultures du Sahara nigérien du Néolithique à l'Islamisation*. 2 vols. Paris, ORSTOM.

PARIS, F., 2000, African livestock remains from Saharan mortuary contexts. In *The Origins and Development of African Livestock: archaeology, genetics, linguistics and ethnography*, edited by R.M. Blench & K.C. MacDonald. London, University College London Press, p. 111-126.

RASMUSSEN, S.J., 1992. Ritual specialists, ambiguity and power in Tuareg society. *Man* (n.s.) 27, p. 105-128.

SADR, K., CASTIGLIONI, A., CASTIGLIONI, A. & NEGRO, G., 1994, Archaeology of the Nubian Desert. *Sahara* 6, p. 69-75.

SANSONI, U., 1994, *Le Più Antiche Pitture del Sahara*. Milano, Jaca Book.

SMITH, A.B., 1984, Environmental limitations on prehistoric pastoralism in Africa. *African Archaeological Review* 2, p. 99-111.

SMITH, A.B., 1980, The Neolithic tradition in the Sahara. In *The Sahara and the Nile*, edited by M.A.J. Williams & H. Faure. Rotterdam, Balkema, p. 451-465.

SMITH, A.B., 1993, New approaches to Saharan rock art. In *l'Arte e l'Ambiente del Sahara Preistorico: dati e interpretazioni*, edited by G. Calegari. Milano, Memorie della Società Italiana di Scienze Naturale 26, p. 467-477.

SMITH, S.E., 1980, The environmental adaptation of nomads in the West African Sahel: a key to understanding prehistoric pastoralists. In *The Sahara and the Nile*, edited by M.A.J. Williams & H. Faure. Rotterdam, Balkema, p. 467-487.

STENNING, D.J., 1959, *Savannah Nomads*. Oxford, Oxford University Press.

STRIEDTER, K.H., 1983, *Felsbilder Nordafrikas und der Sahara*. Wiesbaden, Franz Steiner.

TILLEY, C., 1994, *A Phenomenology of Landscape: Places, Paths and Monuments*. Oxford, Berg.

TUBIANA, M-J., 1964. Survivances préislamiques en pays Zaghawa. *Travaux et Mémoires de l;Institut d'Ethnologie* 67.

VANSINA, J., 1984, *Art History in Africa*. London, Longman.

WENDORF, F. & SCHILD, R., 1994, Are the Early Holocene cattle in the Eastern Sahara domestic or wild? *Evolutionary Anthropology* 3 (4), p. 118-128.

A NEW IMPORTANT AREA OF NEOLITHIC OCCUPATION IN THE SOUTHWESTERN DESERT OF EGYPT

Romuald SCHILD, Michał KOBUSIEWICZ, Fred WENDORF, Joel D. IRISH, Jacek KABACIŃSKI, Halina KRÓLIK & Gilberto CALDERONI

Abstract: In the 2000 season of the Combined Prehistoric Expedition in the Southwestern Desert a customary field survey conducted by Drs M. Bank and M. Kobusiewicz discovered a cluster of Neolithic sites located at the foot of Gebel Ramlah, a prominent isolated mountain some 35 kilometers to the north-west of Nabta Playa. Gebel Ramlah stands about 278 m in elevation. At its foot, is an elongated fossil playa extending for about 4 km in the west-east direction and ca. 1 km on the north-south axis.

The catchment area of the basin is over 100 km². Several shallow wadis enter the playa from the south and south-west, draining Cretaceous badlands. The center of the playa shows deflated early Neolithic lacustrine silts. A wide system of shallow wadis and washes enter the basin on its southwestern side. It is the area where most of the newly discovered Late Neolithic sites occur.

In the 2001 season, the Combined Prehistoric Expedition excavated two sites, E01-1 and E01-2, in this area. The most important was Site E01-2, which yielded a small cemetery containing 30 individuals and numerous grave goods closely resembling those found in early Predynastic graveyards.

Résumé (*traduit par René Desbrosse*) : En 2000, au cours de prospections menées dans le Sud-Ouest du désert égyptien par M. Banks et M. Kobuziewicz sous l'égide de la Combined Prehistoric Expedition, fut repéré un ensemble de sites néolithiques au pied du Djebel Ramlah à 36 km environ au Nord-Ouest du Djebel Nabta, qui culmine à 278 m. Au pied s'étend une plage fossile sur 4 km dans le sens Est-Ouest et environ 1 km dans l'axe Nord-Sud.

Le bassin de réception couvre plus de 100 km². Au centre de la plage, s'observent des limons lacustres déposés au Néolithique précoce. Un large système de wadis peu profonds et de ruissellements alimente ce bassin au Sud-Ouest. C'est ici qu'on a trouvé récemment la plupart des sites du Néolithique tardif.

En 2001, la Combined Prehistoric Expedition a fouillé dans ce secteur les deux sites E-01-1 ET E-02-2. Dans le premier, le plus important, on a mis au jour un petit cimetière de trente individus avec un mobilier semblable à ceux des cimetières du Prédynastique ancien.

INTRODUCTION

During the 2000 season of the Combined Prehistoric Expedition in the Nabta Basin, Southwestern Desert of Egypt, a customary field survey conducted by K. Morgan Banks and Michał Kobusiewicz located a cluster of new Neolithic sites. The sites occurred at the foot of an unnamed, prominent mountain standing alone some 25 km to the north-west of Gebel Nabta (Fig. 1), or about 35 km to the north-west of the Nabta Basin Neolithic settlements region (Wendorf *et al.* 2001). Because of the falling seif dunes, descending from the flat top of the gebel down its south slope, the mountain was quickly given the name of Gebel Ramlah, or Sandy Mountain. The top of the mountain rises to an elevation of ca. 278 m above mean sea level (GPS).

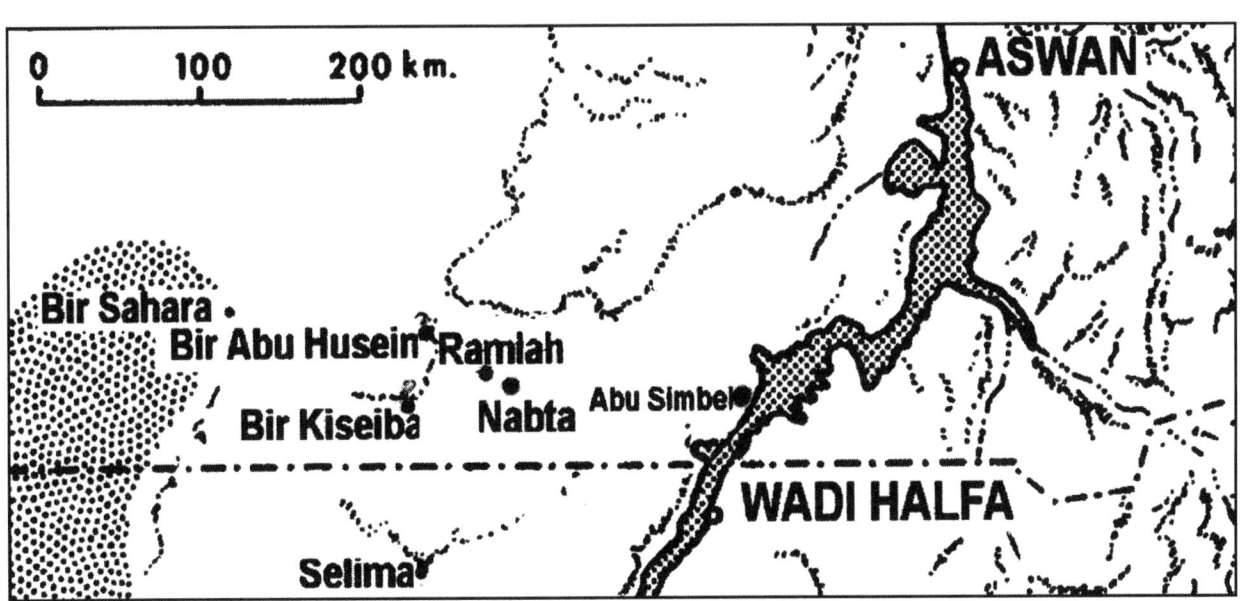

Figure 1. Location of Gebel Ramlah.

A relatively small playa basin, sheltered from northwesterly winds, developed at the foot of the gebel at about 120 m above mean sea level (GPS). The basin, about 1 km wide extends for about 4 km in the west-east direction (Fig. 2). Numerous deflated late Early Neolithic sites of the Al Jerar variant litter the western shores of the basin, while Late Neolithic camps and burial grounds emerge from the alluvial sands entering the basin from the south-west. In the 2001 season, the Combined Prehistoric Expedition excavated two sites, E-01-1 and E-01-2 in the section of Late Neolithic occupation.

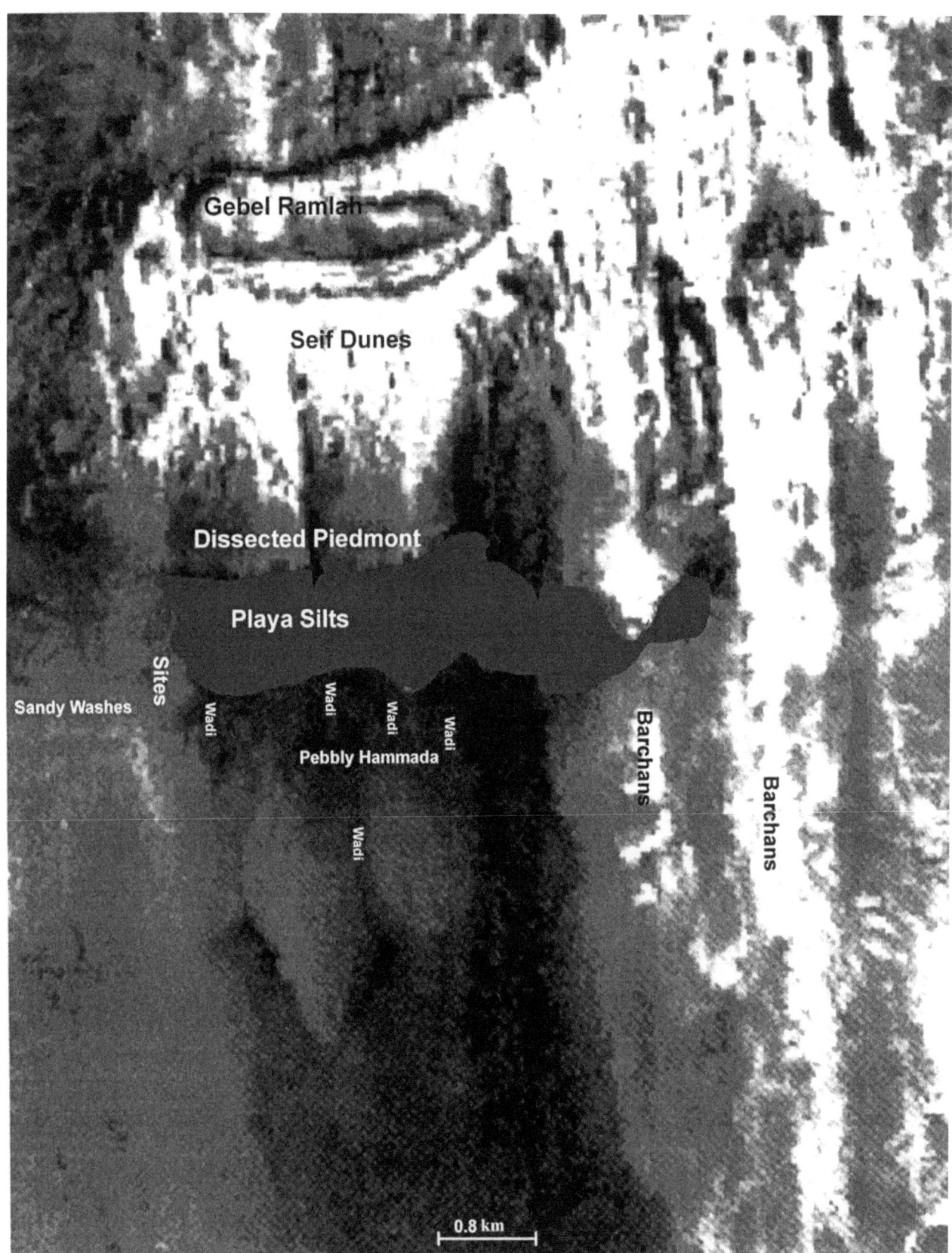

Figure 2. Enhanced Landsat imagery of the Gebel Ramlah Area.

BASIC GEOMORPHOLOGY

A relatively short field season and, therefore, limited geomorphological and stratigraphic work permit, but preliminary evaluation of the geological and chronostratigraphic setting of the excavated sites. Nevertheless, a detailed mapping of the area of excavations as well as customary trenching and coring yielded a series of interesting observations enabling initial placement of the Ramlah sequence in the late Quaternary development of the Southwestern Desert of Egypt.

The Mountain of Ramlah is an isolated part of the Kiseiba Scarp. Therefore, the Eocene arenaceous limestone caps it, while its base is made up of relatively soft clastic rocks of the Qusseir Clastic Member of the Nubia Formation (Issawi et al. 1999). The internally drained basin at the foot of the gebel is cut into these clastics exposed as huge badlands to the south. This wasteland, dissected by shallow wadis draining into the basin, raises to the south to about 15 km distant Middle Paleolithic hardpans developed in sands of the Nubia-Sheb Pediplain (Osman, 1999) at about 236 m above mean sea level. The clays and fine sands of the Qusseir Clastic member are covered by pebbly hammada. Sub-surface and surficial sandy washes as well as shallow wadis and buried sandy, alluvial channels enter the basin from the south-west. It is here where the exposed and buried Late Neolithic sites cluster.

Trenching and coring in the sands, often down to the top of the underlaying deflated and dissected Qusseir sands, disclosed a complex stratigraphic setting of the basin. At the base of the Quaternary sequence are alluvial sands topped by deposits of an early playa lake. In turn, these are overlain by aeolian sands covered, in turn, by the lacustrine, cemented sandy silts with slickensides that form the extensive floor of the basin. Alluvial sedimentation in wadis follows the lacustrine phase. The sequence is topped by shallow wadis cutting into the preceding alluvium and accompanied by sheet wash and muddy deposits forming in temporary pools.

Provisional chronological placement of the events has been based on archaeological associations of the mineral formations. The top of the extensive, cemented playa silts with slickensides contains artifacts of the Al Jerar variant of the late Early Neolithic, a chronostratigraphic setting identical to that at Nabta Playa identified with Holocene optimum in the Nubia-Sheb Pediplain (Schild & Wendorf, 2001a). An episode of base level lowering resulting in the incision of alluvial channels and sub sequential filling by alluvial sands and gravel may coincide with the post Al Jerar arid phase and the Middle Neolithic humid interphase (for terminology see Schild & Wendorf, 2001a ; 2001b), since the wadi alluvia contain only slightly rolled unmistakable Middle Neolithic lithics and pottery. Again, a phase of base lowering and succeeding alluvial deposition follows. The shallow wadi sands, pool deposits and sheet wash bear Late Neolithic settlements and graveyards. Stratigraphic position and archaeology accompanying the last episode suggest association of the base lowering phase with the Post Middle Neolithic Arid Phase and the subsequent deposition with the Late Neolithic Humid Interphase. At Nabta Playa (Schild & Wendorf, 2001c; Wendorf & Schild, 2001), this interphase is placed between ca. 6550 and 5800 ^{14}C years BP (uncalibrated).

EXCAVATIONS

Site E-01-1

The excavations began at two sites, E-01-1 (excavated by Halina Królik) and E-01-2 (excavated by Michał Kobusiewicz, Jacek Kabaciński and Joel D. Irish). Site E-01-1 is located on a low bedrock hillock partially overlain by the lacustrine silts of the El Nabta/Al Jerar Humid Interphase and a fine muddy slope wash. It is a complex site containing several episodes of occupation. The oldest includes a rather poor lithic assemblage accompanied by a typical Al Jerar pottery. The artifacts are embedded in the topmost part of the preserved silts. A round, shallow basin house cut into the fine sands of the Qusseir Clastic Member is associated with the Al Jerar occupation.

Three later skeletons in intersecting grave pits are dug into the house. A cultural relation of the interments is not clear because of poor and uncharacteristic grave goods related to the skeletons. The bones were very badly preserved, brittle, apparently lacking the collagen. The most complete skeleton was of middle-aged female showing sub-Saharan morphological traits.

At the crest of the bedrock rise is a deep, large, measuring about 3 m in diameter, stonewalled fireplace (Fig. 3) with air channels dug into the cemented Qusseir fine sands. Elaborate construction of the fireplace suggests that it was high temperature and a large burning area that was required by its users. It is first such a hearth found in the Eastern Sahara. The stonewalled fireplace was intersected by at least three later simple, roundish basin hearths. A charcoal sample from one of the air channels gave a radiocarbon age of 6045 ± 60 (Rome 1414), while charcoal samples from the three succeeding basin hearth pits dated 5990 ± 75 (Rome 1415), 5945 ± 70 (Rome 1413) and 6025 ± 80 (Rome 1412) years BP (uncalibrated) respectively. Statistically, all the samples are of the same age and indicate middle part of the Late Neolithic Humid Interphase. Large cow bones as well as the entire lower jaw of a cow occurred in the nearest vicinity of the hearths. Rare tools on the surface as well as in the subsurface horizon also suggest an association of the constructions with Late Neolithic.

Site E-01-2

Some 100 meters to the south of Site E-01-1 lay numerous traces of Late Neolithic occupations. Of these, of the outmost interest is a surface concentration of artifacts and a small burial area, located some 60 m to the west, weathering out of laminated alluvial sands deposited in a shallow wadi, or an alluvial fan. This composite site has been given labeled Site E-01-2. The concentration of artifacts has only been briefly tested, revealing potential

Figure 3. Site E-01-1. Stonewalled fireplace, looking east.

for stratigraphy and some preservation of the organics. A cut of 6 x 6 m exposed the burial area, which was fully excavated in the 2001 season. The bones were very poorly preserved, however, the presence of a physical anthropologist (Dr. Joel D. Irish) on the spot permitted immediate full record of the exposed human remains.

The small cemetery contained interments of 30 individuals buried in eight oval pits, each including one to several individuals. The ninth pit had grave goods, but no human remains. Heavily decomposed vestiges of coiled baskets along walls of a few pits indicated that at least some of the deceased were put to rest in baskets.

The skeletons shared a common burial position. The bodies were placed on the right side, head to the west, and facing south. The hands were positioned palms together in front of the face. The legs were tightly flexed. The pits were oval, measuring 1.0 to 1.3 m in length and 0.8 to 1.0 m in width.

The multiple interments in the same pit showed no anatomical order of the remains, a result of addition of later burials to the earlier ones. Some of these contained only some elements of the skeletons indicating secondary entombment (Fig. 4). Of great interest are the systematic efforts of caretakers to restore disturbed earlier skeletons. It included fallen teeth replacement or restoration of the original position of the personal jewelry. This very intimate relationship of the living individuals with their dead may suggest strong family bonds linking the population of the graveyard.

Anthropological analysis of the skeletons (J.D. Irish) disclosed that 18 were females, six were males. The sex of the remaining ones was not identified. These included four young children. The remains fitted all age categories, from new born, to children, to adolescents, to young adults, and aged persons, between 40 and 50 years old. No indications of trauma were noted. The teeth had characteristic wear pattern suggesting consumption of ground cereals and/or nuts and tubers containing grains of sand. Good health of the population was indicated by the physical condition of the skeletal remains. The morphological analysis of skeletal remains as well the teeth suggests presence of two basic populations, the sub-Saharan and the North African ones, as well as their mixtures (for rationale see Irish 1998). It seems likely that the buried population represents some time depth and the cemetery may be regarded as considered a traditional place of burial of an extended family, most probably polygamous.

Rich and very diverse grave goods were placed in the pits. Of diagnostic character are tulip-shaped vessels; fragments of *black top* wares; hemispherical and pointed bottom jars with *ripple* exterior; stone palettes and pestles; as well as a unique shallow stone bowl with phallic handle made from gneiss, the so-called Chephren diorite (Fig. 5). Among

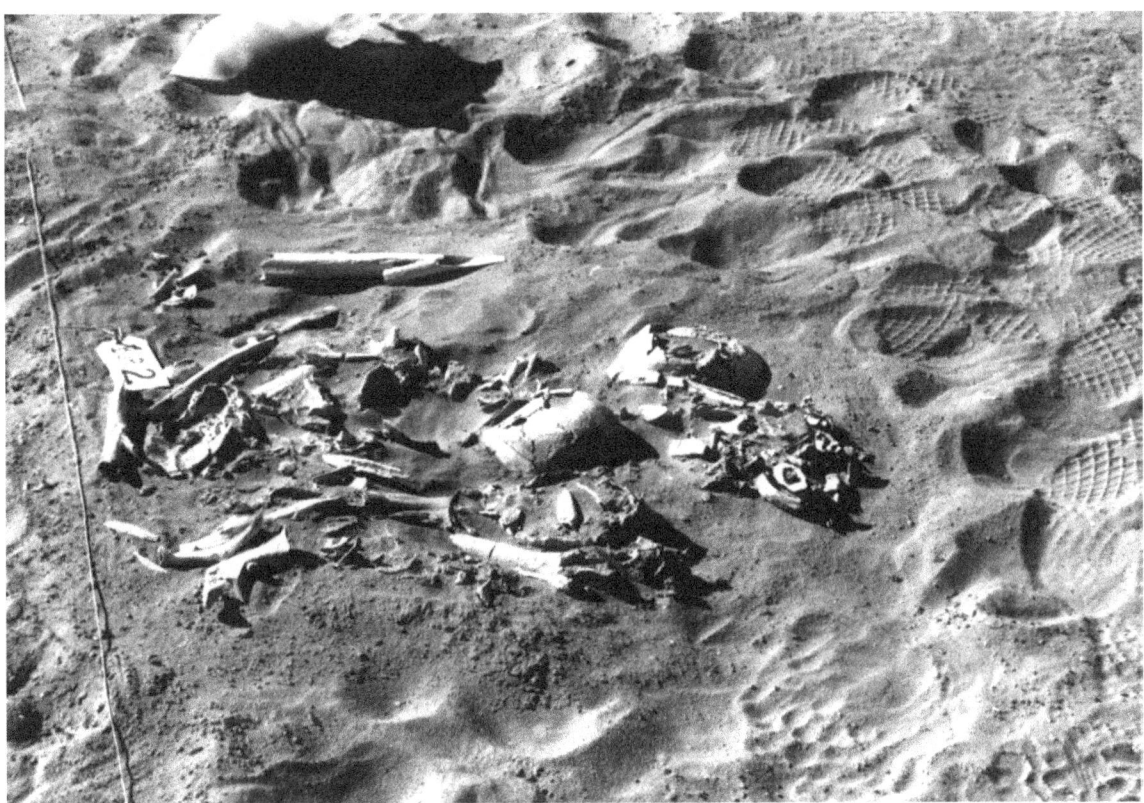

Figure 4. Site E-01-2, Burial 2. Multiple interments, note eroding out skulls.

Figure 5. Site E-01-2, inventory of Burial 4. Note a tulip-shaped beaker, upper row, middle; mica sheets, stone bowl with phallic shaped handle, a cosmetics container, a palette and pestles, third row; ivory and shell bracelets, second row; flint tools, pestles and polished pebbles, bottom row.

personal adornments are bracelets made of shell and ivory; lip plugs made of cornelian and turquoise; over hundred beads of cornelian, agate, shell, and ceramics. Cosmetics containers made of cow horn and ivory, bone needles, polished agate pebbles; microlithic crescents and other stone tools; sheets of mica; three varieties of pigment, etc., complete this rich collection.

The exact chronological assignment of the graveyard is still unknown, pending the radiocarbon determinations. The pottery as well as the remaining artifacts suggest a time range close to early phases of the Badari and Naqada cemeteries in the Nile Valley, i.e., Late Neolithic or the *Ru'at El Baqar*, Cattle Herder phase in the Southern Western Desert of Egypt (for terminology see Wendorf & Schild, 2001).

CONCLUSIONS

The Gebel Ramlah Basin is a new, very important settlement region of the Western Desert. Two major phases of occupation are evident in the area, the Al Jerar and the Late Neolithic periods. Of the two, the Al Jerar sites appear to be largely destroyed, while the Ru'at El Baqar camps and burial grounds seem to be relatively well preserved. Dozens of artifact concentrations as well as weathering out animal and human bones dot the desert in the southwestern part of the basin. The cemetery of Site E-2001-2 is the first Neolithic graveyard in the Western Desert. It is also the first time that the physics of Neolithic human populations of this important cultural area can be studied

Author's addresses

Romuald SCHILD, Michał KOBUSIEWICZ, Jacek KABACIŃSKI & Halina KRÓLIK,
Institute of Archaeology and Ethnology,
Polish Academy of Sciences.

Fred WENDORF,
Southern Methodist University,
Dallas, Texas.

Joel D. IRISH,
Department of Anthropology, University of Alaska
Fairbanks, Alaska.

Gilberto CALDERONI,
Dipartimento Scienze della Terra,
Università "La Sapienza", Roma.

Bibliography

IRISH, J.D., 1998, Ancestral Dental Traits in Recent Sub-Sahara Africans and the Origins of Modern Humans, *Journal of Human Evolution* 34, p. 81-98.

ISSAWI, B., M. EL HINNAWI, M. FRANCIS & A. MAZHAR, 1999, *The Phanerozoic Geology of Egypt. A Geodynamic Approach*, Cairo, The Egyptian Geological Survey.

OSMAN, R., 1999, Geological Interpretation of the Main Geomorphic Units in Egypt. In B. Issawi, M. El Hinnawi, M. Francis & A. Mazhar, *The Phanerozoic Geology of Egypt. A Geodynamic Approach*, Cairo, The Egyptian Geological Survey, p. 7-54.

SCHILD, R. & WENDORF, F., 2001a, Geoarchaeology of the Holocene Climatic Optimum at Nabta Playa, Southwestern Desert, Egypt, *Geoarchaeology* 16, p. 7-28.

SCHILD, R. & WENDORF, F., 2001b, Geomorphology, Lithostratigraphy, Geo-chronology and Taphonomy of Sites, in F. Wendirf, R. Schild et al., *Holocene Settlement of the Egyptian Sahara. Vol. I. The Archaeology of Nabta Playa*, New York, Kluwer Academic / Plenum Publishers, p. 11-50.

SCHILD, R. & WENDOR, F., 2001c, Combined Prehistoric Expedition's Radiocarbon Dates associated with Neolithic Occupations in the Southern Western Desert of Egypt, in F. Wendorf, R. Schild & Associates, *Holocene Settlement of the Egyptian Sahara. Vol. I. The Archaeology of Nabta Playa*, New York, Kluwer Academic / Plenum Publishers, p. 51-56.

WENDORF, F. & SCHILD, R., 2001, Conclusions. In F. Wendorf, R. Schild et al., *Holocene Settlement of the Egyptian Sahara. Vol. I. The Archaeology of Nabta Playa*, New York, Kluwer Academic / Plenum Publishers, p. 648-675.

WENDORF, F., SCHILD, R., et al., Holocene Settlement of the Egyptian Sahara. Vol. I. The Archaeology of Nabta Playa, New York, Kluwer Academic / Plenum Publishers.

PASTORALISM AND THE 'ABSOLUTE' DESERT.
A VIEW FROM THE SOUTHERN GREAT SAND SEA, EGYPT

Heiko RIEMER

Résumé : Il est supposé que des animaux domestiqués ainsi que l'élevage existaient déjà au 10ème millénaire BP (date non calibrée) à Nabta Playa et Bir Kiseiba dans le Sahara oriental. L'évolution culturelle établie pour les oasis de Dakhla et Farafra montre une introduction du menu bétail et des espèces bovines après 7000 BP. Toutes ces études ont été menées cependant dans des régions disposant de l'eau souterraine permanente ou d'un ravitaillement en eaux régulier ou au moins saisonnier. Contrairement, le "désert total" reste sans eaux souterraines même au cours des phases humides de l'Holocène et se présente ainsi comme une région aride et inhospitalière avec seul des points d'eau épisodiques en surface.

Des études archéozoologiques menées par les projets de recherches BOS et ACACIA de l'Université de Cologne à Mudpans et Regenfeld permettent de dresser une image plus complexe de l'environnement et du système économique au cours des périodes plus humides de l'Holocène. Jusqu'à l'heure actuelle aucun ossement d'animal domestiqué n'a été trouvé dans les régions du désert central, même si des sites des possesseurs de bétail sont connus aux alentours des oasis (Eastpans) ainsi que dans des zones montagneuses (Gilf Kebir). L'article essaie de présenter l'état de la recherche concernant les stratégies de subsistance de l'Holocène moyen ainsi que les circonstances qui ont favorisé ou empêché l'introduction du pastoralisme dans le désert total.

Abstract: The incidence of domesticated animals and pastoral subsistence in the eastern Sahara is believed to have evidenced in Bir Kiseiba and Nabta Playa in the 10th millennium BP (uncalibrated). The cultural sequences carried out from Dakhla and Farafra Oases suggested that small livestock and cattle had been introduced there after 7000 BP. Nevertheless, the mentioned research took place in favoured locations with permanent or very frequent/seasonal water supply. In contrast to that, the 'absolute' desert lacks groundwater resources and was still a dry and unpredictable environment with episodic surface water during the Holocene pluvial. Archaeozoological research carried out at the sites of Mudpans and Regenfeld by the B.O.S. and ACACIA missions of the University of Cologne has given a differentiated picture of the environmental background and the subsistence strategies. However, domestic animals have not yet been recorded in the central areas of the desert, although, (semi-) pastoral sites were discovered in the margins of the oases (Eastpans) or in gradually more favoured desert locations (Gilf Kebir). This paper will focus on the state of research concerning the mid-Holocene subsistence strategies and the circumstances which forced or prevented the onset of pastoralism in the absolute desert.

INTRODUCTION

I will give an overall view of the subsistence strategies and the introduction of domestic animals as seen from the *Regenfeld* area in the southern Great Sand Sea. As a characteristic of this area longitudinal sand dunes up to 50 m high run from north-west to south-east. The most important prehistoric sites are located at the edge of a large playa basin about 50 km northwest of the small stone pyramid of *Regenfeld* (Riemer, 2000). This pyramid was built and named by the German explorer Gerhard Rohlfs (1875, p. 165) during his desert expedition from Dakhla towards Kufra in 1874. There, his expedition was disconcerted by the endless dune fields which were observed to the west, and a four-days rain-storm. Thus, the name was given to the location.

Our field work was conducted by teams of the Cologne's ACACIA project during three campaigns in 1996, 1997 and 2000. Four larger archaeological sites were surveyed by excavations and collections. Radiocarbon dates place the assemblages between 9400 and 6400 BP (uncalibrated).

THE ENVIRONMENTAL BACKGROUND

At present, the southern Great Sand Sea and the Abu Ballas scarp-land are a hyper-arid desert without any vegetation and wild life. The precipitation in this core area of the desert is estimated to about 0-2 mm per annum (Dubief, 1963 ; Leroux, 1983 ; Haynes, 1987). During the Holocene wet phase lasting approximately from 9500 to 6000 BP (Kröpelin, 1993) the higher precipitation must have led to both a contracted desert vegetation restricted to the depressions and wadis, and also an increase of vegetation scattered over the sand sheets and dunes (Neumann, 1989a, p. 109-116). Therefore the dune fields of the Great Sand Sea obviously yielded good conditions for game and theoretically also for pasturing herds. Although, the resources of vegetation and game were rich, the surface water was the most limiting factor for the people and the stock. The sandsheets and the area of the dune trains lack shallow basins, escarpments and extending drainage systems and wadis where rain water could have been dammed on the surface or within the wadi deposits. In contrast with the oases, fossil groundwater does not occur because the water-table of the Nubian Aquifer was inaccessible (Haynes, 1987, p. 81 ; Thorweihe, 1990, p. 603). The only way to get water was to follow the mud pans along the Abu Ballas scarp-land and the widely scattered shallow playa basins of the southern Sand Sea when they were filled by rain water. The annual rain fall as estimated by Neumann (1989a, p. 142-152 ; 1989b, p. 113) never exceeded 100 mm in the mid-Holocene. Throughout the extensive studies of playa deposits in the Gilf Kebir, Kröpelin (1987 ; 1989, p. 255-258) has concluded that bio-activity did not start in the water pools because the precipitation was too rare and without seasonal frequency. This picture has generally been confirmed by the playa deposits from the Great Sand Sea and the Abu Ballas scarp-land. They lack remains of aquatic macro- or microfossils, with the exception of root casts of reed which were observed in some cases (Kröpelin, 1989).

The archaeobotanical and zoological remains from *Regenfeld* (fig. 1) once more underlined this reconstruction of a desert environment. The charcoals (survey by B. Eichhorn and S. Nussbaum) predominantly indicated *Tamarix* sp. and *Acacia* sp.

The bone assemblages (studied by H. Berke) include the following species: dorcas and dune gazelle (*Gazella dorcas, G. leptoceros*), dama gazelle (*G. dama*), addax antilope (*Addax nasomaculatus*), hare (*Lepus capensis*), ostrich (*Struthio camelus*), and fennec (*Fennecus zerda*). All are species which do not need to drink.

In consequence, the human occupations of the deserts were only episodically. After the drying up of the water pools, the people had to retreat to the favoured places which contained water permanently or over longer periods. To illustrate the distances the people had to cover, the oases and other more favoured areas are mapped in figure 3. Apart of the oases and wells, which were connected to the fossil groundwater of the Nubian Aquifer, there is the Gilf Kebir Plateau which shows human occupations, at least, till c. 4500 BP (Schön, 1996a; 1996b). The latter was favoured by the mountainous relief with extended wadi systems, by blocked wadis (Kröpelin, 1989), and may also be influenced by the better climatic conditions of the Central Sahara.

THE ARCHAEOLOGICAL SEQUENCE

The archaeological sequence of *Regenfeld* is based on eight assemblages from the area. The age of each inventory was analysed by relative dating and 17 associated radiocarbon-dates. A brief overview will now be given concerning the principles of the chronological units (fig. 2).

It is notable that the bulk of data came from the Epipalaeolithic or early Holocene. Thus, we are able to group the Epipalaeolithic into three distinct units, called *Regenfeld A, B,* and *C*. The oldest date about 9400 BP may reflect the onset of the rains as suggested by comparisons with dates from other regions (Kröpelin, 1993). Although the date came from a fire place, significant stone artefacts have not been observed.

The *Regenfeld A* unit, featuring the oldest complex, was documented by two isolated surface scatters. The predominant tools were elongated backed points with straight or rounded backs. Two ^{14}C-dates place the assemblages about 9000 BP. The *Regenfeld B* unit is

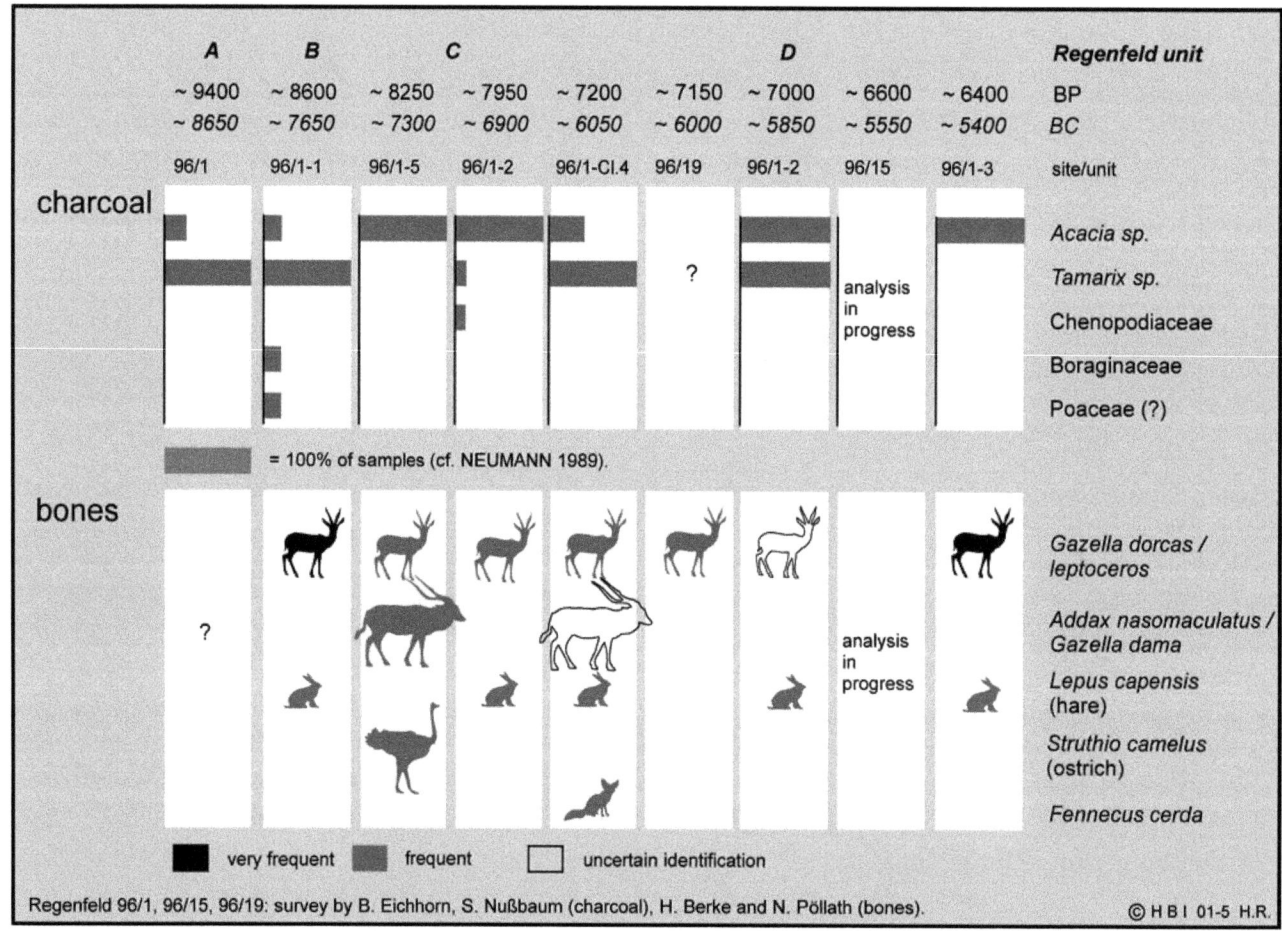

Figure 1. Archaeobotanical and archaeozoological results of the *Regenfeld* sites.

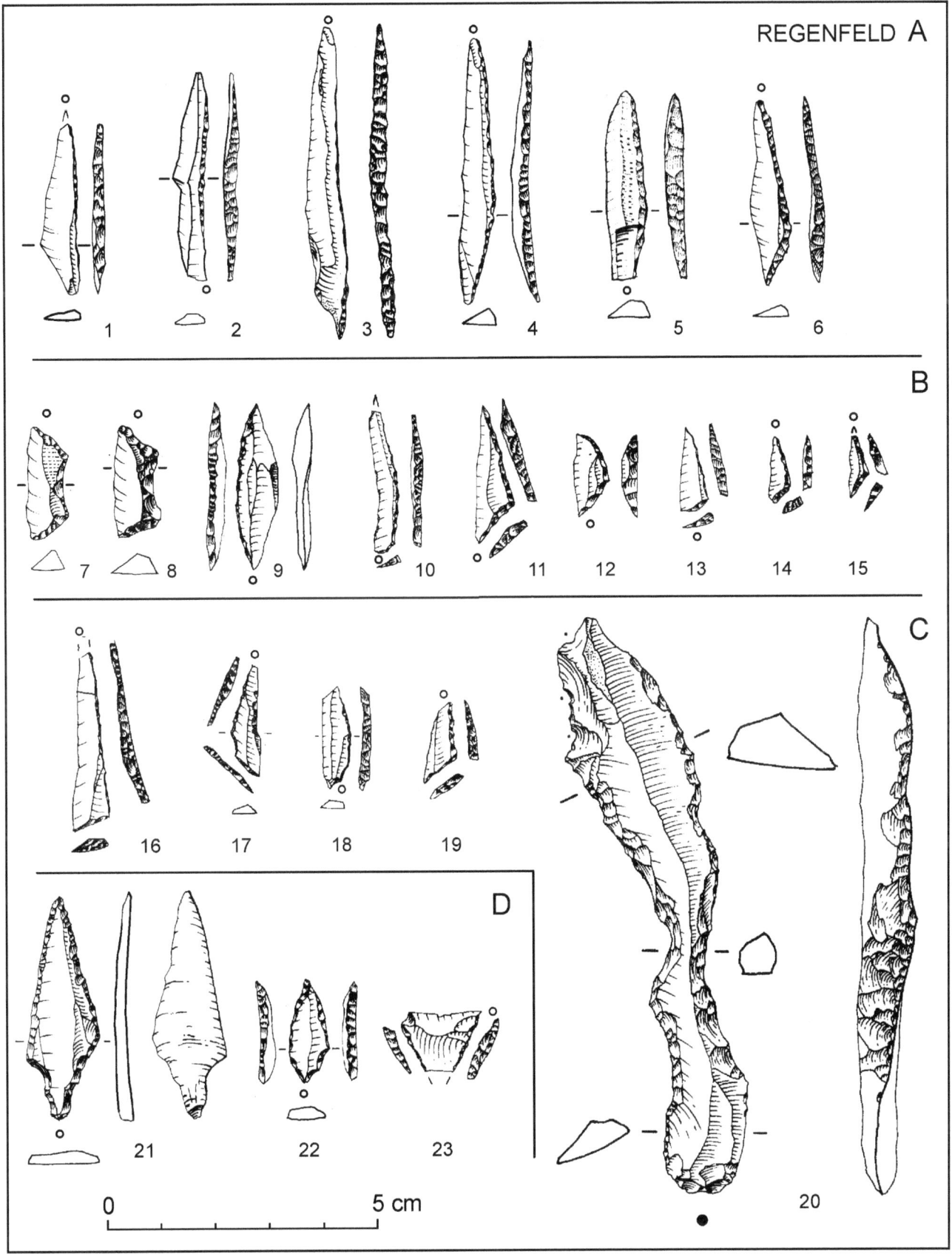

Figure 2. *Regenfeld* units: Characteristic lithic tools.

dominated by elongated scalene triangles. Two excavations yielded radiocarbon dates about 8700 and 8600 BP. The *Regenfeld C* unit was placed by four dates between 8300 and 7900 BP. The sites contain, again, elongated triangles and other backed bladelets, as well as a new macrolithic blade component. So, continuously notched or strangulated blades are the most characteristic tool type of *Regenfeld C*.

It shall be mentioned that so far the *Regenfeld* sequence coincides roughly with the chronological chart of the CPE (*Combined Prehistoric Expedition*) concerning the characteristic lithics of the El Adam, El Ghorab, and El Nabta Early Neolithic (Wendorf & Schild, 1984, p. 409-420 ; 1994 ; 1998 ; Close, 1992).

Currently, the phase between the Epipalaeolithic and the drying up of the desert about 6000/5900 BP, is summed up as *Regenfeld* D unit, because there is no specific marker in the 'material culture' which would lead us to further diversification. Taking into account the neighbouring areas, the change of inventories after the Epipalaeolithic has been fixed by ^{14}C-dates to around 7700 BP (Kuper, 1993 ; 1995).

Concerning the lithics, the onset of *Regenfeld* D is characterised by transverse arrow heads, tanged points, and tools with facial retouch. Moreover pottery occurs, however, the *Regenfeld* sites yielded only a small number of undecorated potsherds (Riemer, 2000, p. 28). One of the most important characteristics is that grinding stones were essentially more frequent in the *Regenfeld* D unit. Moreover the extend and diversity of camp sites increased. Large camp sites which yielded a wide range of activities and dense artefact scatters were predominantly located at large playa basins.

The drying trend is marked by 135 ^{14}C-dates from the Great Sand Sea and the Abu Ballas scarp-land. The histogram (fig. 3) shows the probability distribution of all

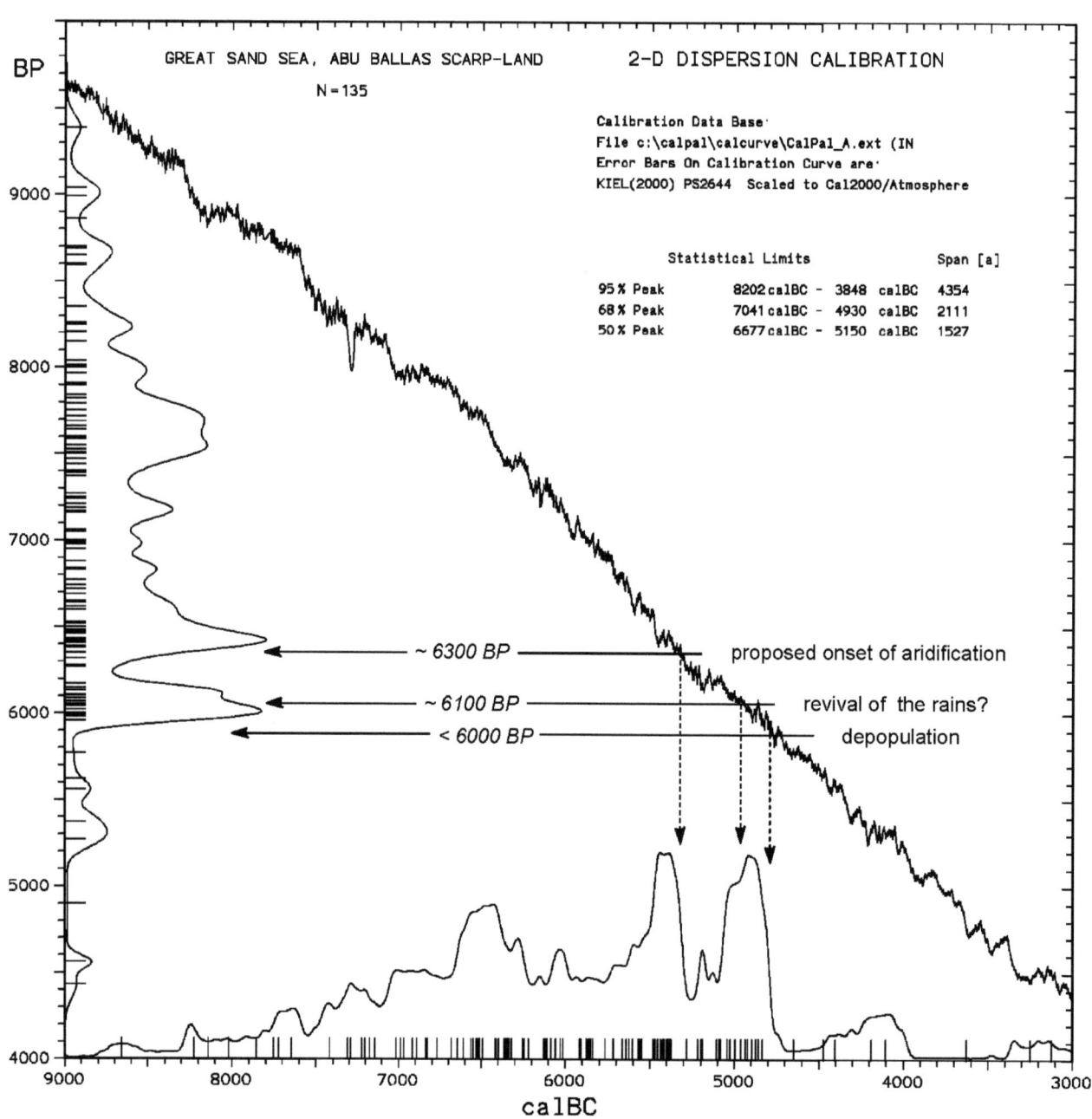

Fig. 3. Histogram showing the probability distribution of 135 ^{14}C-dates from the Great Sand Sea (including dates from Regenfeld, Abu Minqar, and Glass Area) and the Abu Ballas scarp-land (including dates from Eastpans, Mudpans, and Westpans); y-scale: uncalibrated dates in years BP; x-scale: calibrated dates in years cal BC (Calibration by *2-D Dispersion Calibration Program* Cologne 2001, B. Weninger, Radiocarbon Laboratory, University of Cologne).

dates (uncalibrated and calibrated) which clearly drop off after 6000/5900 BP. After 6000/5900 BP dates or significant archaeological remains have not been observed. So, the 'absolute' desert was completely depopulated by the aridification. Moreover, one can note that the onset of the drying trend is indicated by an essential fall off about 6300 BP.

SUBSISTENCE PATTERNS

As indicated by remains of wild animals the Epipalaeolithic is characterised by hunting as the dominating subsistence. In the *Regenfeld* D unit an essential change in occupation patterns took place. The surveys of animal bones show that game was also hunted during the D unit. On the other hand, there is an increasing number of grinding stones after 7700 BP and a change towards larger transitory camp sites and an elaborate site continuity. The number of grinders most probably shows the trend towards a dominating utilisation of wild plants. This is confirmed for another desert site: Barakat has collected charred remains of *Sorghum* sp., among others, from *Eastpans* 95/2 (Barakat & El-Din Fahmy, 1999, p. 36, 39). The mentioned phenomena led to the assumption that the gathering of wild plants and seeds together with an increasing residential mobility, became the dominating strategy during the mid-Holocene.

Concerning the introduction of livestock and the change of subsistence patterns towards herding, the *Regenfeld* assemblages are characterised by a lack of bones from domestic animals. The one exception is a mandible fragment of a large bovid from the southern *Regenfeld* (site *Regenfeld 96/15*) which was collected in 1998 (Riemer, *in press*). Following Hubert Berke and a confirming by Achille Gautier, it is tentatively *Bos taurus*, although other large bovids could not been excluded, for example *Oryx gazella dammah*. Actually, Nadja Pöllath and Jöris Peters are studying a number of related bones excavated in autumn of 2000, which may help to clear the picture.

At date, livestock has clearly not been observed in *Regenfeld*. This is quite notable because cattle and small livestock have been introduced in other regions before the drying up of the desert. Apart from the very early large bovids of Bir Kiseiba and Nabta (Gautier, 1984 ; Wendorf *et al.*, 1987 ; Wendorf & Schild, 1994; Banks, 1984), it can be subsumed that cattle and small livestock occur in a number of assemblages of the Eastern Sahara in the 7th millenium BP. The presence of livestock is generally accepted for the Nabta/Bir Kiseiba region at about 7000 BP (Gautier, 1987, p. 177). In Dakhla oasis cattle has been identified for the late *Bashendi A* unit, associated to a *terminus post quem* about 7000 BP. Small livestock occurs somewhat later (McDonald, 1998). Parallels are also observed in Farafra oasis. There small livestock dates to 6700 BP (Barich & Hassan, 2000).

Bone samples from prehistoric sites in the Gilf Kebir were collected by various groups, among them teams of the CPE and B.O.S. missions, to name but two. Remains of small livestock and cattle from Wadi Bakht and Wadi el-Akhdar have been identified from several assemblages (Wendorf & Schild, 1980, p. 217-219 ; Gautier, 1980, p. 340-342 ; Peters, 1987, 1988 ; Van Neer & Uerpmann, 1989, p. 328). In many cases, there is a lack of precise information on contexts where the bones were collected from. A number of bones from small and large livestock collected by Wendorf and his team (Wendorf & Schild, 1980, p. 219) from the surface of the Wadi Bakht playa were dated by ostrich eggshell to about 7000 BP, however, it remained unclear weather the eggshells were associated to the bones. Taking into account that the surface of the Wadi Bakht playa produced remains from the Epipalaeolithic to the Late Neolithic, one should be careful with such an interpretation. Therefore, it is quite uncertain at what point livestock firstly appears in the Gilf Kebir. Chronological evidence for the presence of small and larger livestock has been produced by late Neolithic sites only which fall into the period after the drying up about 6000 BP (Cziesla, 1996, p. 229).

To complete the data base, we have to add the results of the ACACIA project collected during the last six years. The site of "Willmann's Camp" (site *Glass Area* 81/61) at the western margins of the Great Sand Sea was investigated during the early eighties by the B.O.S. mission. The analysis of the excavated bones by Van Neer & Uerpmann (1989, p. 326) only yielded bones of wild animals. A large collection from the surface cluster during the ACACIA campaign in 2000 produced three bone fragments of sheep (*Ovis ammon*; survey by Nadja Pöllath). Considering the surface position where these bones have been found, a mid-Holocene age is tentatively suggested.

Several sites, most of which date to the mid-Holocene, were discovered in the vicinity of the *Djara* cave on the Limestone or Abu Muhariq Plateau. A bone from the 1999 collection (site *Djara* 90/1, Cluster 7) was identified by Hubert Berke (2001, p. 242) as sheep (*Ovis ammon*). Associated artefacts belong to the *Djara* B unit approximately dating between 6900-6300/6000 BP (Kindermann, *in press* ; this volume).

The most important data on the appearance of live stock in the desert regions came from *Eastpans* 95/2, about 100 km south of Dakhla. This site, excavated during the first ACACIA campaign in 1995/96, is well dated by a number of ^{14}C-dates around 6000 BP. The bone assemblage (Berke, 2001, p. 243) contained remains of domesticated cattle (*Bos taurus*) and sheep (*Ovis ammon*).

Although it is difficult to estimate the exact percentage of bones from domesticated animals, in all mentioned cases, remains of wild animals clearly form the major component of the faunal assemblages, probably exceeding 90% of the bones. In addition, almost all sites produced amounts of arrowheads, which were most probably used for hunting game. Therefore a subsistence pattern is suggested combining gathering, hunting and herding.

In contrast to the latter sites and in accordance with *Regenfeld*, the assemblages from *Mudpans*, situated some 100 km south of *Regenfeld*, did not yield domesticated animals. In total, the *Mudpans* collection contains more than 1600 identified bones (Kuper, 1993, p. 215), and the preservation is excellent. It is the largest number of bones that has ever been excavated during the B.O.S. and ACACIA missions in Egypt. Therefore, the lack of domesticated animals did obviously results neither from poor preservation nor from insufficient collections.

CONCLUSION

To sum up, a free-zone remains in the inner Great Sand Sea and the central Abu Ballas scarp-land which did not produce domesticated animals (fig. 5). In my opinion, this is caused by the poor rainwater supply, the lack of fossil groundwater, and the enormous distances between the

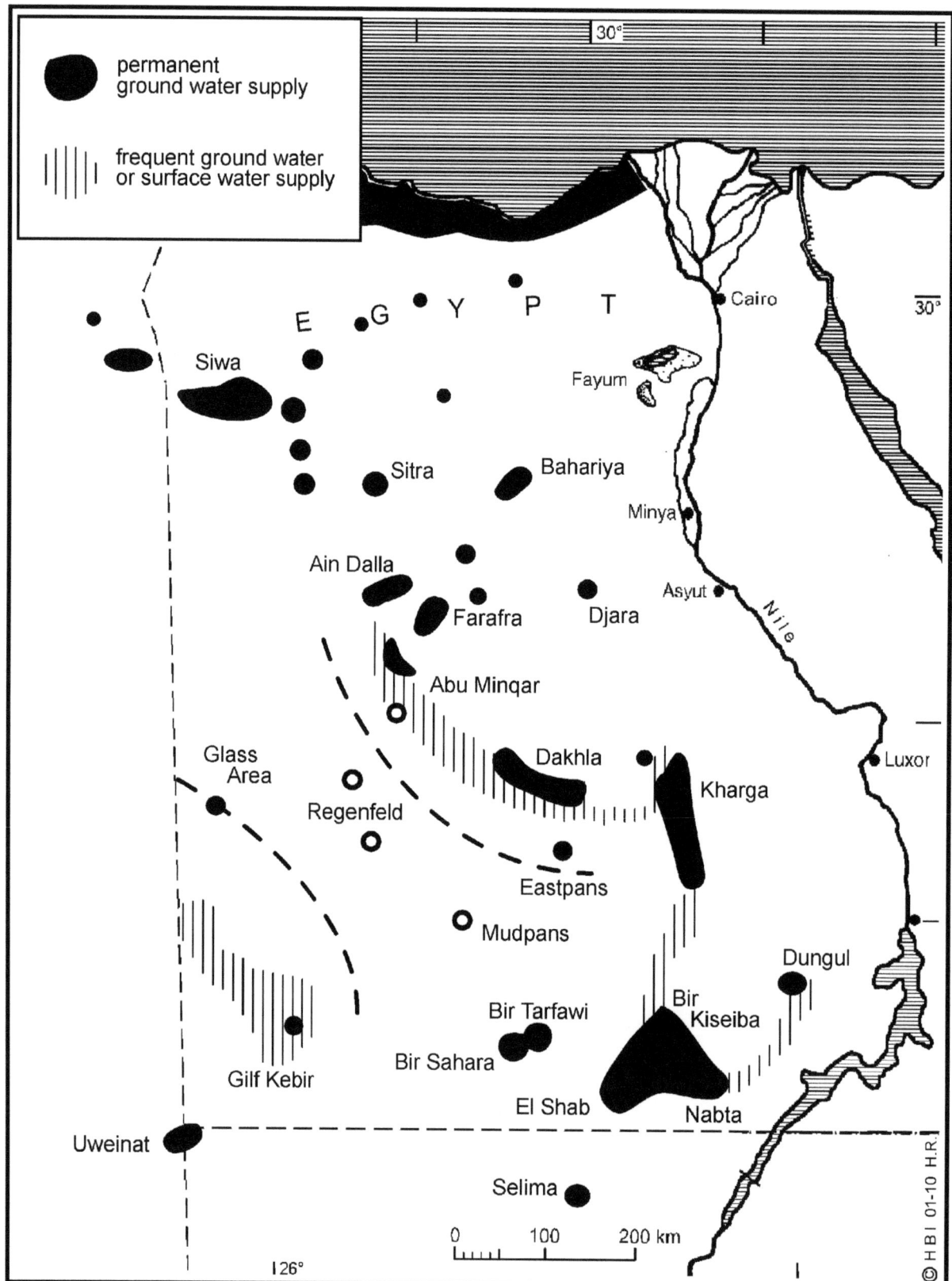

Figure 4. Distribution of areas with permanent (fossil) groundwater and frequent ground or surface water supply.

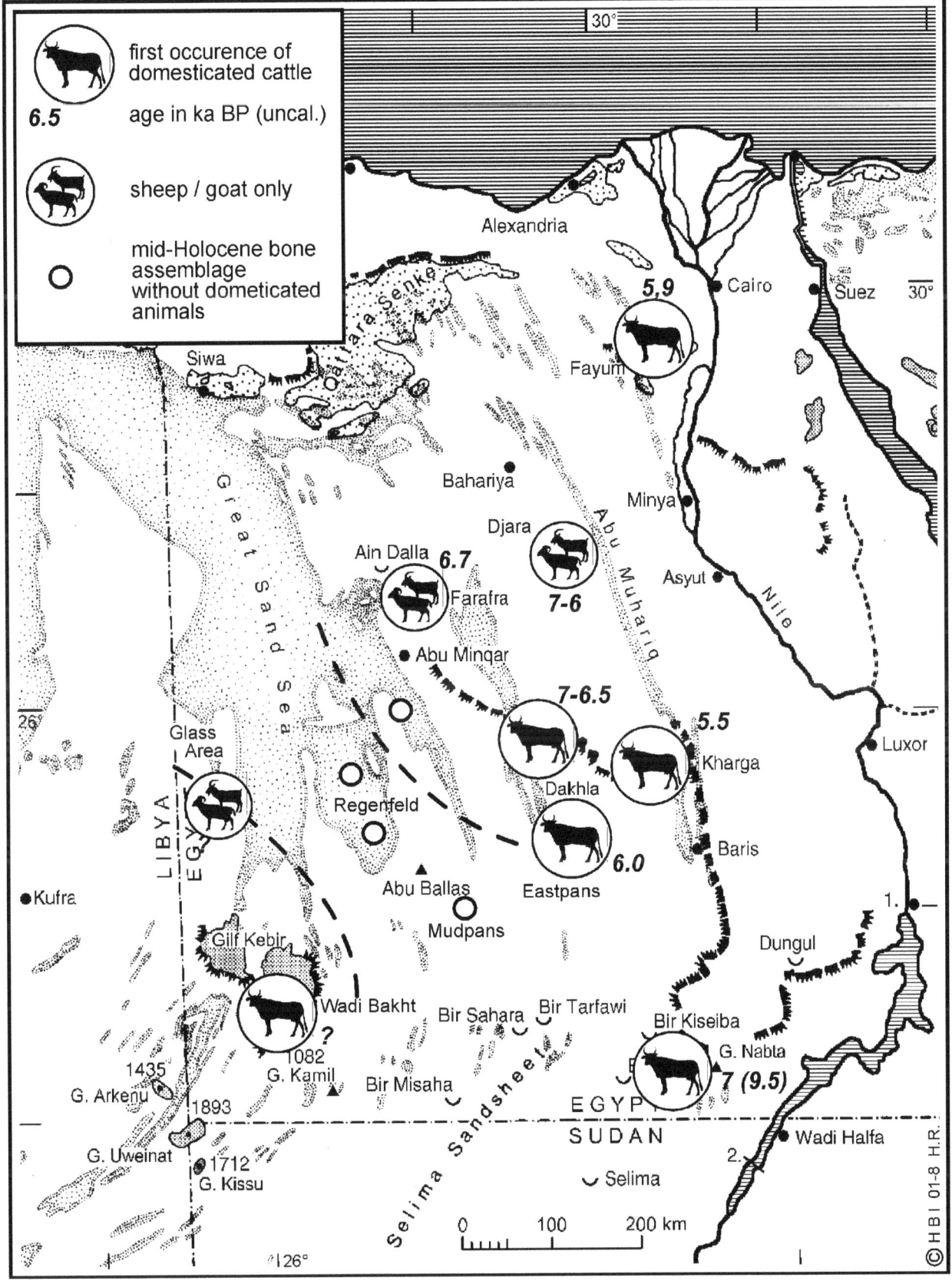

Figure 5. Distribution and dating of the introduction of domesticated animals.

temporary water pools and the oases (fig. 4). Although cattle can go without water for up to three days, they should drink at least once a day. Recent studies evidenced maximum distances of 20 or 30 km, which cattle can move per day (Banks, 1984, p. 216). The survey of the *Regenfeld* region suggested that distances between larger basins were up to 100 km. The water pools in the vicinity of the oases were obviously visited by herders, as shown by the *Eastpans* site. The inner absolute desert between the Gilf Kebir and Dakhla Oasis probably was void of herders, although the rich archaeological sites underline that hunters and gatherers occupied this region episodically. The provenience of raw materials used for stone tool knapping and different knapping traditions analysed from the *Regenfeld* sites point to cultural influences coming from the Gilf Kebir and the oases region.

At present, the interpretation above combining the environmental background and the distribution of herders is far from clear evidence. We have to take into account that most of the surveyed sites did not yield significant bone assemblages, or organic materials at all. Concerning the unpredictable and rather bad conditions of organic preservation, there is a need of more extended field work. As to the dating and distribution of domesticated animals in North Africa, we have to once more repeat Achille Gautier's conclusion (1987, p. 180) which he gave some 15 years before, that there is a *"dearth of data and refined chronological frameworks"*.

Acknowledgement

ACACIA is the Collaborative Research Centre 389 at the University of Cologne, funded by the *Deutsche Forschungsgemeinschaft* DFG. The field work was carried out by members of the Heinrich-Barth-Institut (HBI) within the sub-project A1 *"Climatic change and human settlement between Nile Valley and Central Sahara"*. The results presented here have benefited from the assistance of a number of colleagues. I am very grateful to Hubert Berke who surveyed the bones of Regenfeld. I additionally thank Karin Kindermann, Stefanie Nussbaum, Jörg Linstädter, Rudolph Kuper, Baldur Gabriel, Andy Smith and Karim Sadr for valuable discussions. Special thanks are due to Kristin Heller for reading the manuscript, and Friederike Jesse for translating the *Résumé*.

Author's address

Dr. Heiko RIEMER
Heinrich-Barth-Institut
University of Cologne
Jennerstr. 8
50823 Köln,
GERMANY
e-mail: heiko.riemer@uni-koeln.de

Bibliography

BANKS, K.M., 1984, Climates, Cultures and Cattle. The Holocene Archaeology of the Eastern Sahara. Dallas, Southern Methodist University Press.

BARAKAT, H. & EL-DIN FAHMY, A.G., 1999, Wild grasses as 'Neolithic' food resources in the eastern Sahara. A Review of evidence from Egypt. In The Exploitation of Plant Resources in Ancient Africa, Proceedings of the 2nd International Workshop on Archaeobotany in Northern Africa, Leicester 1997, edited by M. Van der Veen. New York/ Boston/ Dordrecht/ London/ Moscow, Kluwer Academic/ Plenum Publishers, p. 33-46.

BARICH, B.B. & HASSAN, F.A., 2000, A stratified sequence from Wadi el-Obeiyd, Farafra: new data on subsistence and chronology of the Egyptian Western Desert. In Recent Research Into the Stone Age of Northeastern Africa, Studies in African Archaeology 7, edited by L. Krzyzaniak, K. Kroeper & M. Kobusiewicz, Poznan, Poznan Archaeological Museum, p. 11- 20.

BERKE, H., 2001, Gunsträume und Grenzbereiche. Archäozoologische Beobachtungen in der Libyschen Wüste, Sudan und Ägypten. In Zeit-Räume. Gedenkschrift für Wolfgang Taute, Archäologische Berichte 14, edited by B. Gehlen, M. Heinen & A. Tillmann, Bonn, Deutsche Gesellschaft für Ur- und Frühgeschichte, p. 237-256.

CLOSE, A.E., 1992, Holocene Occupation of the Eastern Sahara. In New Light on the Northeast African Past, Africa Praehistorica 5, edited by F. Klees & R. Kuper, Köln, Heinrich-Barth-Institut, p. 155-183.

CZIESLA, E., 1996, Der Fundplatz Wadi el Akhdar 80/14, In SCHÖN 1996a, p. 141-278.

DUBIEF, J., 1963, Le Climat du Sahara, Alger, Institut de Recherches Sahariennes.

GAUTIER, A., 1980, Contributions to the Archaeozoology of Egypt. In WENDORF & SCHILD 1980, p. 317-344.

GAUTIER, A., 1984, Archaeozoology of the Bir Kiseiba Region, Eastern Sahara. In Cattle-Keepers of the Eastern Sahara: The Neolithic of Bir Kiseiba, edited by F. Wendorf, R. Schild & A.E. Close, Dallas, Southern Methodist University Press, p. 41-72.

GAUTIER, A., 1987, Prehistoric Men and Cattle in North Africa: A Dearth of Data and a Surfeit of Models. In Prehistory of Arid North Africa. Essays in Honor of Fred Wendorf, edited by A.E. Close, Dallas, Southern Methodist University Press, p. 163-187.

HAYNES, C.V. 1987, Holocene Migration Rates of the Sudano-Sahelian Wetting Front, Arba'in Desert, Eastern Sahara. In Prehistory of Arid North Africa. Essays in Honor of Fred Wendorf, edited by A.E. Close, Dallas, Southern Methodist University Press, p. 69-84.

LEROUX, M., 1983, Le climat de l'Afrique tropicale, Paris, Champion.

KINDERMANN, K., in press, Djara: Prehistoric Links between the desert and the Nile. In Egyptology at the Dawn of the Twenty-first Centuryi, edited by Z. Hawass, Cairo, American University in Cairo Press.

KRÖPELIN, S., 1987, Palaeoclimatic Evidence from Early to Mid-Holocene Playas in the Gilf Kebir (Southwest-Egypt), Palaeoecology of Africa 18, p. 189-208.

KRÖPELIN, S., 1989, Untersuchungen zum Sedimentationsmilieu von Playas im Gilf Kebir (Südwest-Ägypten). In Forschungen zur Umweltgeschichte der Ostsahara, Africa Praehistorica 2, edited by R. Kuper, Köln, Heinrich-Barth-Institut, p. 183-305.

KRÖPELIN, S., 1993, Geomorphology, Landscape Evolution and Paleoclimates of Southwest Egypt. Catena Supplement 26, p. 31-65.

KUPER, R., 1993, Sahel in Egypt: environmental change and cultural development in the Abu Ballas area, Libyan Desert. In Environmental Change and Human Culture in the Nile Basin and Northern Africa until the second Millenium B.C, Studies in African Archaeology 4, edited by L. Krzyzaniak, M. Kobusiewicz & John Alexander, Poznan, Poznan Archaeological Museum, p. 213-223.

KUPER, R., 1995, Prehistoric Research in the Southern Libyan Desert. A brief account and some conclusions of the B.O.S. project. Cahier de Recherches de l'Institut de Papyrologie et d'Egyptologie de Lille 17, p. 123-140.

McDONALD, M.M.A., 1998, Early African Pastoralism: View from Dakhleh Oasis (South Central Egypt). Journal of Anthropological Archaeology 17, p. 124-142.

NEUMANN, K., 1989a, Zur Vegetationsgeschichte der Ostsahara im Holozän. Holzkohlen aus prähistorischen Fundstellen. In Forschungen zur Umweltgeschichte der Ostsahara, Africa Praehistorica 2, edited by R. Kuper, Köln, Heinrich-Barth-Institut, p. 13-181.

NEUMANN, K., 1989b, Holocene vegetation of the Eastern Sahara: charcoals from prehistoric sites, African Archaeological Review 7, p. 97-116.

PETERS, J., 1987, The faunal remains collected by the Bagnold-Mond Expedition in the Gilf Kebir and Jebel Uweinat in 1938, Archéologie du Nil moyen 2, p. 251-264,

PETERS, J., 1988, The palaeoenvironment of the Gilf Kebir–Jebel Uweinat area during the first half of the Holocene: the latest evidence, Sahara 1, p. 73-76.

RIEMER, H., 2000, Regenfeld 96/1 – Great Sand Sea and the question of human settlement on whaleback dunes, In Recent Research Into the Stone Age of Northeastern Africa, Studies in African Archaeology 7, edited by L. Krzyzaniak, K. Kroeper & M. Kobusiewicz, Poznan, Poznan Archaeological Museum, p. 22-31.

RIEMER, H., in press, The Re-'conquest' of the Great Sand Sea. In Egyptology at the Dawn of the Twenty-first Century, Proceedings of the Eighth International Congress of Egyptologists, Cairo 2000, edited by Z. Hawass, Cairo, American University in Cairo Press.

ROHLFS, G., 1875, Drei Monate in der libyschen Wüste, Cassel [reprinted: Africa Explorata 1. Köln 1996: Heinrich-Barth-Institut].

SCHÖN, W., 1996a, Ausgrabungen im Wadi el Akhdar, Gilf Kebir (SW-Ägypten), Africa Praehistorica 8, Köln, Heinrich-Barth-Institut.

SCHÖN, W., 1996b, The Late Neolithic of the Gilf Kebir: evolution and relations, in Interregional Contacts in the Later Prehistory of Northeastern Africa, Studies in African Archaeology 5, edited by L. Krzyzaniak, K. Kroeper & M. Kobusiewicz, Poznan, Poznan Archaeological Museum, p. 115-123.

THORWEIHE, U., 1990, Nubian Aquifer system. In The Geology of Egypt, edited by R. Said. Rotterdam / Brookfield, Balkema, p. 601-611.

VAN NEER, W. & UERPMANN, H.-P., 1989, Palaeoecological Significance of the Holocene Faunal Remains of the B.O.S.-Missions. In Forschungen zur Umweltgeschichte der Ostsahara, Africa Praehistorica 2, edited by R. Kuper, Köln, Heinrich-Barth-Institut, p. 307-342.

WENDORF, F. & SCHILD, R., 1980, Prehistory of the Eastern Sahara. New York: Academic Press.

WENDORF, F. & SCHILD, R., 1984, Conclusions. In Cattle-Keepers of the Eastern Sahara: The Neolithic of Bir Kiseiba, assembled by F. Wendorf & R. Schild, edited by A.E. Close. Dallas: Southern Methodist University Press, p. 404-428.

WENDORF, F. & SCHILD, R., 1994, Are the Early Holocene Cattle in the Eastern Sahara Domestic or Wild? Evolutionary Anthropology 1994, p. 118-128.

WENDORF, F. & SCHILD, R., 1998, Nabta Playa and its Role in Northeastern African Prehistory, Journal of Anthropological Archaeology 17, p. 97-123.

WENDORF, F., CLOSE, A.E. & SCHILD, R., 1987, Early domestic cattle in the eastern Sahara, Palaeoecology of Africa 18, p. 441-448.

www.ingramcontent.com/pod-product-compliance
Ingram Content Group UK Ltd.
Pitfield, Milton Keynes, MK11 3LW, UK
UKHW061213180426
11947UKWH00029B/2029